法学教育与应用型法律人才培养创新研究

赵甜甜◎著

湘潭大学出版社
XIANGTAN UNIVERSITY PRESS

前　言

PREFACE

中国共产党第二十次全国代表大会报告指出:“教育、科技、人才是全面建设社会主义现代化国家的基础性、战略性支撑。必须坚持科技第一生产力、人才是第一资源、创新是第一动力,深入实施科教兴国战略、人才强国战略、创新驱动发展战略,开辟发展新领域新赛道,不断塑造发展新动能新优势”。“教育、科技、人才”对社会的发展有着重要的影响。

法学教育是我国高等教育体系的重要组成部分,是进行民主法制建设的先导性工程。法学本科教育承担着为社会输送大批法律人才,为研究生教育培养后备人才的重任。在高等教育推动下,我国法学本科教育的发展取得了一定成就。随着社会发展,原有法学本科教育人才培养模式已不能更好地适应社会发展需求。笔者针对法学本科教育人才培养模式现状,尝试提出优化与创新措施。

本专著主要围绕法学教育理念与应用型法律人才培养创新展开研究,先对法学教育进行了简要概述,主要包括法学教育内涵、法学教育培养目标、我国法学教育改革历程,然后介绍了法学教育基本方法概要,包括法教义学方法、诊所式方法、研究性学习方法,介绍了法学教育基本框架,在此基础上进行了应用型法律人才培养模式的探讨,梳理了我国应用型法律人才培养模式现状,提出了我国应用型法律人才培养模式的优化与创新的措施。总之,本专著介绍了我国法律教育与应用型法律人才的培养创新方法,具有一定的参考价值。

目 录

CONTENTS

第一章 法学教育与应用型法律人才培养模式概述

教育在一定程度上会影响科技的发展、经济的振兴、社会的进步。教育作为一项有意识的社会活动，人们在进行教育活动之前，首先要确定活动的目的，即为什么要进行该项活动，以做到有的放矢。培养目标为特定层次、特定类型、特定形式教育。从根本上说，培养目标关系到能否培养出符合社会需要和人类自身发展需要的合格的人才，在整个教育活动中，具有举足轻重的地位。

法学教育是教育事业的重要组成部分，是以传授法律知识、训练法律思维、培养合格法律人才为内容的教育活动。11世纪末期出现世界上第一所法学院博洛尼亚大学，后来由罗马帝国皇帝腓特烈一世于1158年颁布法令确立其正式身份。欧洲大学从创始之初，就把法学教育列为大学的重要必备学科。因此，欧洲人和欧洲社会很早就养成了依法办学、依法办事的习惯，走上了依法治国的道路。法学教育成了大学的重要基石，法律成为社会和文明的象征，也成为处理社会冲突的重要工具。法学教育包括中等教育、高等教育和继续教育，中等教育只能承担普及法律知识的作用，作为高等专业教育，由于法律职业的严格要求，必然要求提高其基本层次，因此，低水平的高等专科法学教育，必将淡出法学专业教育的市场，从而使得本科法学专业成为未来法律高级专门人才的基本层次，成为研究生教育和继续教育的基础。

经济全球化的发展，改变了人们的生活。21世纪，中国从经济生活、政治制度、精神文化等各个方面，加快了融入现代文明、融入世界的过程。法学教育成为法治建设的基础性、先导性、决定性工程，《中共中央关于社会主义精神文明建设指导方针的决议》明确指出：加强社会主义民主和法制建设，根本问题是育人。随着社会发展，法学教育改革的步伐和力度也在日益加快加深，作为基础法学教育的中国法学本科教育，其培养目标究竟怎样合理定位，才能适合未来中国法学教育的发展，跟上时代脉搏和国际潮流，成为法学教育界共同关注的热点。

第一节 法学教育内涵

对基本语词和概念的清晰认识，是分析法学本科教育培养目标的逻辑前提和必要条件。目前我国的大学法学本科教育出现了前所未有的喜人形势，正所谓“千树万树梨花开”，呈现一派欣欣向荣的景象。然而在繁华背后，一些相关的概念问题却始终没有得到充分的重视，业界也未对此达成基本共识。因此，要研究中国法学本科教育的培养目标，首先要科学界定与之联系的有关概念。只有在对高等教育、法学教育、培养目标等语词进行综合分析的基础上，才能完整、准确地揭示我国法学本科教育培养目标的本质属性。

一、教育与高等教育

（一）教育

据统计，关于教育这一概念的表述，自英国思想家培根到联合国教科文组织的重要文献《学会生存：教育世界的今天和明天》，在所能接触到的文献范围内，就有65种之多。“教育”一词，在中国最早见于《孟子·尽心上》中的“得天下英才而教育之，三乐也”。按《说文解字》的解释：“教，上所施，下所效也。”“育，养子使作善也。”在西方，教育一词源于拉丁文，原意为“引出”，也就是对人做出引导的意思。后来在教育史上，教育思想家从各自不同的角度又都做了不同的说明。尽管这些说明，各自反映着不同的时代，但有一点是共同的，那就是都把教育看作是培养人的活动，看作是“传道、授业、解惑”的过程，看作是感化、引导、启发人的行为。

从广义上说,教育是培养人的一种社会活动,是承传社会文化、传递生产经验和社会生活经验的基本途径。[①]任何民族、任何文化的上一代人向下一代人传授的知识、技能、思想、观念、信念,都是上一代认为值得和应该传递给下一代人的,都是确信对下一代是好的、有用的。从这个意义上说,任何关于教育的谈论,或多或少谈论教育的理想。当这种谈论成为一种观念、成为一个系统的时候,就成为教育思想、教育理论;当这种谈论成为一种官方意志的时候,就成为教育方针、教育政策。狭义的教育,主要是指学校教育,是教育者根据一定的社会要求,有目的、有计划、有组织地对受教育者的身心施加影响,期望他们发生某种变化的活动。学校教育制的确立和发展,是教育从非形式化到形式化再到制度化的过程,它是制度化教育的典型表征。教育者和受教育者相对稳定,有固定的教育场所和设施,教育内容也相对规范化。

学校教育制度又简称学制,是一个国家各级各类学校的系统,它规定各级各类学校的性质、任务、入学条件、修学年限,以及它们之间的关系。《中华人民共和国教育法》(2021修订版)规定,国家实行学前教育、初等教育、中等教育、高等教育的学校教育制度。

(二)高等教育

1962年,联合国教科文组织在非洲召开由44个国家参加的高教会议,对高等教育做如下诠释:高等教育是大学、文学院、理工学院和师范学院等机构所提供的各种类型的教育,其基本入学条件为完成中等教育,一般入学年龄为18岁,学完课程后授予学位、文凭或证书,作为完成高等学业的证明。因各国对各级教育机构命名不一,教育体制各不相同,这一解释不能包含所有。《教育大词典》解释为高等教育是建立在中等教育基础上的各种专业教育。在程度上,一般分专修科、本科和研究生。高等教育一般担负着培养各种专门人才和开展科学研究的双重任务。实施高等教育的机构通常是大学、学院和专科学校。这些定义,为大家理解高等教育的内涵提供了思路。

①史馨.法律适用分歧的法理研究[D].北京:中国政法大学,2022:12-13.

二、法学教育与法律教育

法学教育是高等教育的重要组成部分。它是为了人的不断完善和全面发展,以传授法律知识,训练法律思维、培养社会合格法律专业人才为内容的教育活动,是人文精神和科学素养的有机结合活动。而法律教育侧重于实用,注释法律的概念术语、评价条文的渊源与演变、阐释立法意图和法律原则,也就是对法律、法规本身及相关经验的教育。

三、教育目的与培养目标

教育目的和培养目标都是探讨把受教育者培养成什么样的人的问题,两者之间既有一致性又有区别。所谓教育目的,依据一定社会需要和对人的认识而形成的关于教育对象的总体发展规格的预期设想或规定,以观念或思想的形式存在并发挥作用。教育目的似乎具有高度的抽象概括性,但并不是一个遥遥无期的幻想,而是一个由许多相对独立又相互联系的目标构成的体系,按照从抽象到具体、从整体到局部的方法,可以将教育目的划分为不同的层次,每一层次的目标符合教育总的目的,每一层次又都具有一定的功能,由大到小构成了概念的等级性。而所谓的培养目标,正是这种等级性的具体表现,是教育目的的具体化。如果说教育目的是各级各类教育培养人的总的质量标准和规格要求,那么培养目标就是指不同级别、不同层次、不同类型和不同专业教育的具体目标。在综合了教育学界的多种定义后,笔者以为培养目标是指,在教育目的直接制约下的特定形式、特定层次、特定类型的教育所造就的“教育产品”(即人或人才),以及与之相应的规格。培养目标具有多元性,在各级各类学校教育活动中发挥“协调”作用。《中华人民共和国高等教育法》提出,高等学校的任务是培养具有创新精神和实践能力的高级专门人才。

对上述概念的科学界定,能帮助正确认识法学本科教育的内涵。一方面,区别于继续教育,有其培养的特定对象,即主要以具有中等教育文凭而一般以未从业者为培养对象,另一方面,又区别于普通教育,是带有法学教育性质的专业教育。从层次上看,高于应用性专科层次教育,而低于学术性研究生层次教育,具有应用性教育和学术性教育的双重特征;从类型上来看,它属于法学学科门类的法学一级学科教育而不属于二级学科教育。

根据对法学本科教育性质及内涵的考察和分析,把法学本科教育培养目标的概念确定为:以教育目的为直接依据,以中等教育为基础的,具有一般教育(人文教育)、学位教育(科学教育、学术教育)和职业准备教育属性的法律科学教育所培养的专门(专业)人才及其规格。

第二节 法学教育培养目标

教育的首要问题是确定培养目标,也就是培养什么样规格标准、什么样类型的人才。习近平总书记在党的二十大报告中提出:坚持以人民为中心发展教育,加快建设高质量教育体系,发展素质教育,促进教育公平。

一、从中国法学教育的历史发展看培养目标的演进

法学教育的发展历程表明,良好的法学教育离不开科学确定的培养目标,因为培养目标是整个教育的灵魂和基本出发点,不仅确定了法学教育的职责和功能,也影响着学生个体的发展。

(一)中国传统的法学教育

中国的法学教育源远流长、薪火相传,有着深厚的历史积淀。严格地说,中国古代并没有现代意义上的法学,而应该称之为“律学”,所以,中国古代的法学教育也就是“律学教育”,并且从总体上看,律学教育也不是独立存在的。

中国最早的法学教育起源于春秋,著名的讼师邓析设立私塾,传授法律知识,开启了私家法律教育的先河。此后,法家及其学说兴盛一时,尤其是秦统一六国后,以法治国,厉行法治,同时采用李斯“以吏为师,以法为教”的建议,禁绝私学,逐渐垄断律学教育。至汉代,孔

子的学说受到了统治者的推崇，确立了该学说在中国封建社会几千年的统治地位，致使律学也出现了文学化的趋势，由于法律被视为统治工具，中国的律学教育不可能旨在培养人们"善"与"正义"的观念，法令仅仅是作为礼治的辅助手段而要求官吏掌握，倾向于对官吏进行的政务培训。

（二）中国近代的法学教育

清朝末期，西方的文化在一定程度上影响中国，宪政思想和法律制度也由此传入中国。1895年，天津中西学堂正式开学，而法律作为专门科目在中国近代高等教育中首次得以设置。不久，清政府被迫变法修律，为造就修律新人，修律大臣沈家本、伍廷芳最早提出了培养法律人才的问题，并为此创办了培养新法律人才的京师法律学堂，它是中国有史以来第一所法学教育的专门机构。此后，各省法政学堂如雨后春笋般成立。至1909年，据清政府学部总务司编《第三次教育统计图表》统计，全国共有法政学堂47所，学生12，282人，分别占学堂总数的37%和学生总数的52%。自此，法政学校的开办在近代中国一直长盛不衰，即使清政府的覆灭也未受影响。

民国建立后，政府确定并颁行了民法、商学、刑法等，逐步形成了相对完善的法律体系，同时，开始整顿当时大学教育的混乱状况。规定法科的设置只限于大学或独立学院，法科称法学院，取消了法政学堂。此间，法律院校的学生数量仍有增无减，至1949年，毕业生总计已有三万人左右。自清末开始的中国近代法学教育是一个从无到有的过程，普通法学本科教育的兴起标志着传统律学教育的终结，对后世中国本科乃至整个法学教育具有开天辟地的意义。第一次让人们认识到，法学教育是专门之学教育，必须受到专门的对待，以"开通智慧""造就通才"为目标，为后世造就了一批新型法律人才，既输送了内政、外交急需的专门人才，也培养了一批法学教育人才，从而促进了过渡期的立宪进程。无论如何，法律在近代中国可称为新生事物，对于其蓬勃发展的状况，应采取肯定态度。但是，法律的统治工具理论一直没有被彻底抛弃，现代意义上的法制观念始终没有在近代中国建立起来,其突出表现即是法学的“官学化”、意识形态化。从现实的状况来看,要真正培养“深通中西,汇通古今”的通才,也不是当时的教育环境所许可的,法学教育的实质仍是培养从政人才,以学法作为入仕的途径,因而,法学教育从性质上来说,只是从政所需的一般性学历教育。

在中国近代的法学教育史上,涌现出了两颗璀璨的明珠——创办于1912年的朝阳大学和创办于1915年的东吴大学法学院,并称“南东吴,北朝阳”。两所大学分别培养了大量法治社会中不可或缺的两类人才,即法官和律师,以至有“东吴出律师、朝阳出法官”的说法。朝阳大学的毕业生中,除少数从事教学和研究之外,几乎均供职于司法界,形成“无朝不成院”之势,而依据对东吴大学法学院前18届毕业生的统计资料,有41%的毕业生专职从事律师业,另外有8%兼职,尤其在上海的律师行业中,东吴大学法学院的毕业生占据了绝对的优势。

(三)中国现当代法学教育

新中国的法学教育是在彻底废除民国期间旧法的基础上发展起来的,半个多世纪以来,高等法学教育伴随着国家法治建设的步伐,经过了一个曲折的发展历程。

20世纪50年代,中国法学本科教育与政治体制逐渐地步入正轨。1950年,朝阳大学、陕北公学、华北联合大学和华北大学合并,北京人民大学法律体系成立。此后又进行了院系调整,相继成立了中国、华东、西南、中南、西北五大政法学院。法学教育有了新的发展。1957年至20世纪80年代,法学教育交替发展。20世纪80年代至今,中国法学本科教育的培养目标模式取得了重大进展,为法学教育的发展奠定了坚实的基础。首先得益于思想认识上由人治向法治的进步,因为只有伟大的思想才能指导伟大的实践;其次,得益于法制的进一步健全;最后,是献身于法学理论研究和法学教育的有识之士对法律专门人才的深入理解。

三、国外法学本科教育培养目标的主导模式

(一)大陆模式

性质:大陆模式以德国和法国为代表,日本、泰国等国家和地区也在此之列。法学教育以本科为基本层次,强调学生法律基础知识的学习,使其在未来的法律生涯中有能力理解新的法律领域或新的立法。在大陆模式中,法学本科教育是一种学术教育,其目标是培养具有学术精神和一般文化素质的大学生,为法律职业技能教育奠定坚实的基础。

以德国为例,在19世纪中叶进行了高等教育的改革,从而使德国的法学本科教育成为大陆法系国家法学教育模式的典型代表。德国大学法律系的学生都是中学毕业后直接进入大学学习法律,无须经过入学考试。本科学制通常为四年,完成必要的学分,学生才能申请参加第一次国家考试,通过以后取得类似我国的法学学士学位。四年为大学基础教育阶段,必修课程是大陆法的核心领域,包括家庭法、商业和公司法、刑法、公法程序性法规、欧共体法、法律方法和法律的哲学的、历史的以及社会的基础。此外,还有大量的课程来供学生选修,从法哲学、法社会学和法历史学到例如国际私法或国际公法或者关于社会安全方面的法律。教学方法主要有课堂讲授、练习课和专题研讨课,承担课堂讲授工作的教授注重授课的理论性和系统性,旨在向学生全面传授法学基础知识,教学时比较注重抽象,法学教材也注重对抽象的概念和原理进行解释和分类。简言之,基础阶段的法学教育并非重在提供解决法律问题的技能或技巧,而在于对法学的基本概念和原理进行传授和教导。通过第一次国家考试,意味着大学基础阶段学习的终结,表明学生具备了从事法律职业的资格。但是,想要成为法官、检察官、高级行政官员或大学法学教授,则还必须经过两年的见习期并通过第二次国家考试。

再以日本为例,日本的法学本科教育学制一般为四年或五年,学生入学后先是统一学习一年半或二年的人文科学、社会自然科学和外语等大学基本知识,然后才能转入法学部,集中学习二年法律,法学部

的课程主要为法学和政治学两大类。进入法学部后强调学生掌握一般性的基本知识,偏重于技术理论,其培养目标是通才。法学本科毕业后,凡希望从事法律职业的,还必须在通过严格的司法考试后,再统一接受为期二年的实践性的法律职业培训。可见,日本大学本科阶段法学教育的目的并不是培养法律专职人才,而是一种为普及法学思维方式而开设的普通素质教育。其核心是让学生理解法律的基本理论,而较少涉及法律的实际应用。

成因分析:大陆法系是以罗马法为基础发展起来的一种法律传统,根植于罗马法的精细术语和严谨的形式理性,形成了一种以建构内在逻辑严密的法典为趋向的法系特征,通过法律法典化,有效地为法官提供一个完整的办案依据,以使法官在审理案件时能够得心应手地引经据典。同时,又禁止法官对法律做任何解释。受这种法律绝对主义思想的影响,整个大陆法系国家,试图淡化司法过程和司法技术,而通过强化立法环节,尤其是通过一整套完备的立法技术保障,建构以法典为核心的成文法体系。这就决定了大陆法系的法学教育注重法律原理,相对忽视法律技能的培植。可见,大陆模式的特色是大陆法系原理的必然派生物。

(二)美国模式

性质:美国模式是以美国大学法学院培养律师为典型代表,包括加拿大等深受美国影响的普通法系国家的法学本科教育培养目标。如果说大陆模式是学术教育模式,那么美国则是典型的职业教育模式,以培养律师为基本目标,而根据美国律师协会于1979年提供的报告,美国法学院培养的律师应具备的能力包括三个方面:第一,必须是通才;第二,必须是能够解决问题的人;第三,必须是专家。需要指出的是,美国的法学教育以非法学专业学士学位者为招收对象,主要分为三个学位层次:法律博士、法学硕士和法律科学博士。

教学安排:在美国,法学教育与人文教育相分离,学生在入学前已经获得了大学本科学历,法学院的任务是集中力量进行各种技能训练。美国法学院的课程设置明显反映了这种职业教育的特色,在三年的学习期限内，教学内容基本上由普通法课程组成，课程分为必修课和选修课。必修课约占全部课程的三分之一，一般包括财产法、契约法、代理法、侵权行为法、民事诉讼法、刑法、刑事诉讼法等，二、三年级有大量的选修课，如公司法、海商法、债权法、反垄断法、证据法等，法学史和法学理论方面的课也有，但相对较少。各法学院还专门开设律师应用技巧类课程，“除了与律师专业的明显关系外，诸如辩护、谈判、草拟文件及采访等技能都得到了重视，还因为这些技能可以通用，即可以在各种各样的法律范围内予以利用。”[①]为培养学生的法律思维，教学程序上，分课前准备和课堂教学两个步骤，课前教师必须预先指定学生阅读若干参考材料(主要是以往的判例)及将要讨论的法律问题，课堂上教师的主要任务是发挥引导作用，启发学生理解隐含在判例中的法律概念和原则，学生是课堂教学的主体，这就是所谓的“判例教学法”。除此之外，还有形式多样的课外活动，如模拟审判、法律援助等，锻炼学生的实践能力。

由于法学教育的培养目标是未来的律师，其课程设置、教学方法等，无不强调法律知识与专业技巧的紧密结合，致力于启发学生应用法律知识解决实际问题的能力，具体而言包括十种技巧和能力的培养：解决问题、法律分析和推理、法律研究、实际调查、通信联络、答询客户、谈判、诉讼与其他解决纠纷程序、法律工作的安排组织、认识和解决道德难题。

成因分析：美国属于普通法系国家，承认判例的法律效力，判例法又被称为“法官法”或“法官创造的法”，强调法官的功能，司法者的地位往往要高于学者。判例法的运行，依靠的是法律运用主体的区别技术，而这种法律技术则更多地与具体案件处理过程相结合，即司法程序联合在一起。因而，“法学院所促成的一个倾向是，将眼前的一切事情与以往发生者相类比。另一个倾向是所谓‘案例脑筋’，人们首先关注的是，法律的内容是什么，以及依从或违背司法裁判的代价如何。”[②]

①王海波．法学本科教育培养目标的比较[J]．内蒙古农业大学学报(社会科学版)，2010，12(01)：100-103.

②张晓红．法学教育模式比较分析[J]．合作经济与科技，2011(10)：80-81.

判例法的创造及沿袭创新与法学本科教育的实用目的——培养为缴纳了诉讼费的当事人服务的开业律师紧密吻合。

除了以上普通法系渊源的影响之外,美国模式的形成也有其自身社会发展的因素,美国的法学教育是在美国独立以后发展起来的。随着社会经济的发展,尤其是商业组织对法律服务业的需求增加,法律服务行业得到迅速发展,为跻身高收入的律师队伍,越来越多的美国人接受法律专业教育,法学教育由此获得了高速发展。市场经济的需要是法学教育得以发展的社会基础。同时,也决定了美国法学教育的基本走向——市场化。其基本功能在于满足社会的需要,按社会的需要塑造人。

(三)澳大利亚模式

澳大利亚是一个联邦制的普通法国家。它有联邦和州两级立法、司法和行政机构体系。在普通法系国家中,澳大利亚的法律制度更接近于英国的法律制度而不是美国的法律制度。这是殖民地法律文化移植的结果。但是,澳大利亚的法学教育也显示出其本土化的特征。

性质:澳大利亚的法学教育具有双重性质,既是职业教育,又是一般性教育。作为一种职业教育,法学本科教育的培养目标是职业律师,凡在澳大利亚从事律师职业者必须具备法学本科学位。大学法学本科教育是职业律师培养三阶段的序曲。与美国和英国相同,澳大利亚几乎所有的法官均从优秀的辩护律师中选任。法官的基本素质和专业水准取决于律师的素质和专业水准。因此,澳大利亚非常重视对律师的教育,重点培养学生的创新意识和独立处置法律事务的能力,其指导思想不是传授知识,而是教学生怎样获取和运用知识。

作为一般性的教育,主要体现在,全澳三分之一以上具有法学学士学位的法学毕业生没有直接从事律师业务。对那些想进入商业界、银行业、技术、物业市场与建筑业、政府管理等领域的人来说,法律是一个理想的一般性教育专业。法学教育为日后提供了一个良好的正规教育的背景,体现了法治社会中人们对法律的普遍信仰。同时,法学本科教育的另一个作用是,为学生进一步攻读法学硕士奠定宽厚的专业基础。凡以优等成绩毕业的法学学士，均可申请入学攻读法学硕士或法学博士学位。澳大利亚法学学士学位教育的目标可以归纳为：第一，对学生讲授澳大利亚法律的基本原理并培养他们应用这些基本原理的能力。第二，向学生提供诸如法院程序之类基本法律程序的知识。第三，向学生讲授法律研究、法律写作、辩护等方面的重要的和实用的法律技能。第四，培养学生正确评价法律在社会中的地位与作用的能力。第五，培养学生理解并尊重职业道德标准的能力。第六，向学生传授信托会计之类的基本操作技能。第七，培养学生促进社会正义与法律正义的责任感。

教学安排：澳大利亚各大学法学院根据学生的具体情况，提供三种学制的本科法学学位教育。第一，三年制的法学学士学位（修满300个学分），招收对象为已获得法学院承认的大学非法学学士学位者。第二，四年制的法学学士学位（400学分），招收对象大多为优秀的应届高中毕业生。第三，五年制的双学位（500学分），即优秀的高中毕业生。考入大学后，可以修双学位。在全澳的各大学法学院中，80%以上的学生自愿选择学习双学位。所以说，澳大利亚法学本科教育的主体是五年制的双学位教育。双学位除了一个法律学位之外，还包括文学、艺术、科学、商业、经济等方面的学位。其中，商业方向的双学位最受欢迎。

在课程设置方面，澳大利亚自1970年以来，统一录取规划提出取得法学学位必须掌握11个领域的知识，他们是合同法、侵权行为法、刑法、刑事诉讼法、衡平法（包括信托法）、财产法、行政法、联邦和州宪法、民事诉讼证据法、公司法、职业道德。必修课也称为核心课，共有160个学分，除了应用法学知识外，尚有法律理论科目。一般包括：法律程序、合同法、侵权行为法、财产法、宪法与行政法、刑法、证据与法院程序法、法律史与法哲学等。有些大学法学院在此基础上增加其他科目，如墨尔本大学法学院1993年本科必修课程，除上述科目外，还增加了衡平法、已核准的有关法律理论科目。选修课包括两部分：一是法律类选修课，三年制、四年制、五年制的法学本科生都必须修满140

个学分的法律类选修课；二是非法律类选修课，这一部分因学制而异，三年制法学学士项目学生不必修这一部分课程，因为他们已经是非法律专业学士学位获得者，四年制学生得修100个学分的非法律课程。法律类选修课一般包括：法理学、国际法、比较法、比较贸易法、知识产权法、公司法、冲突法、人权法、劳资关系法、法律道德与职业行为准则、税法、自然资源与环境保护法、国际银行法、限制性贸易惯例，等等。一般来说，各法学院的必修课和选修课的安排通常参照各州法律教育委员会所确定的律师必备课程。由于会计、职业行为守则是律师的必备课程，因此，各法学院也把这两门课作为选修课。

教学方法：采取课堂讲授与实践活动相结合的方式。课堂讲授主要有讲习班和讲授两种形式，课堂讨论是非常普遍的现象，每门课程通常由两至三位教师承担，其中一位是协调人。实践活动主要是组织和引导学生参加校内外有关法学的教学科研活动，包括：模拟法庭，锻炼学生法庭审判辩论、调解、对专家出示的证据进行质问、和解谈判等所需的辩护技能。助教课程，学生们在一名法官的指导下，进行研究并就与该法官工作相关的法律问题写出论文。实习，使学生作为法律工作者亲身执业，独立处理运作中的法律问题。

成因分析：澳大利亚的混合双学位制是现今最具创新意义的法学本科教育模式，它融合两大法系法学教育而创制的，既是美国式的法律职业教育，又是大陆式的人格养成与学术养成教育。

三、“法律人”——当代中国法学本科教育的培养目标

中国的改革开放事业和社会主义法治国家建设，决定了中国法学本科教育的培养目标，建设社会主义法治国家的高素质法律通才，称为“法律人”。①

（一）“法律人”的定位——高素质的法律通才

把中国法学本科教育的培养目标定位为“高素质的法律通才”，并且称之为真正的“法律人”。这里的“法律人”，不是一般意义上的一切

①陈朝阳．论党内法规的法学品格[J]．海峡法学，2022，24(03)：1-11+121．

从事法律事业的人,具有完整的内涵:高尚的法治信仰是“法律人”的首要价值标准,严谨的法律思维是“法律人”的必备技术,扎实的专业知识和实践技能是“法律人”的生存之本,良好的人文素养和综合素质是“法律人”的基础条件。

高素质有三个基本要求:一是提高一般的文化修养水平、道德水平;二是提高专业基础素质,如基本知识、专业理论、专业技能、专业能力;三是提高非智力素质,如竞争力、意志力、敬业精神等。需要指出的是,高素质不等于精英,法学本科教育不是培养现成的法学家、法律家,它是大众教育中的个体素质教育,而不是培养少数英才的精英教育。

高素质法律通才培养目标的确立,是由当代中国法学本科教育的现状所决定的。首先,本科教育是高等教育的基础,法学本科教育是法学教育体系中一个关键的组成部分,在我们日益扩大和加强研究生精英教育的同时,更不能忽视作为基础教育的法学本科教育,如果说,研究生教育培养得更多的是专才,那么,法学本科教育则应该以培养法律通才为目标。其次,目前我国法学本科教育的对象几乎全部是应届高中毕业生,其知识的深度、广度和社会阅历极为有限,狭隘的专业教育不利于其整体人格的养成。所以,适当的科学教育和人文教育是必不可少的。最后,目前法学本科毕业生并非都涌向法律界,本科法律人才的适用范围是广泛的,从法律职业部门到法律研究、教学单位,从执法部门、管理部门到各行各业,从政法部门到企业和公共事业部门,从社会到公民个人,都在其列。所以,简单的职业教育也远远不能满足社会的需要。

法律通才,是指在法学学科上既有一定专长,又具有广博的科学文化知识和扎实的专业基础的人才。通才教育的目的是提高学习者的心智水平、性格修养和文化修养,以增强其对社会生活的广泛适应性。通才教育有助于改变专才教育对学生整体精神及人格尊严造成的损害,它使法律专业人才在掌握了基本的知识、技能和方法后,就能运用自如地在学科之间进行“嫁接”,迅速地熟悉相关的学科领域。法律专才是与法律通才相对应的一类专门人才，是知识分化、职业分工细密时代的产物，也是学科专业在高级阶段所培养的人才。法律专才的特点在于对法学学科专业及其方向进行专业的、纵深的研究，而很少关注相关学科的发展。

（二）“法律人”的内涵

1.法治信仰

法治信仰，简单地讲，就是尊崇法治，信奉法律至上，权利本位，法律和权利具有至尊性，人们只能在法律面前完全遵从，而不屈服于任何权力与官位。这种理念要求法学教育能够培养学生独立的人格和法律理性，要求学生从进入法学院的第一天起，确立自己作为一种法律职业工作者所应有的行为操守和法律信仰，从心底发出对以公平和正义为内核的法律精神和法律职业的崇尚。缺乏尊崇法治的基本理念，法学教育只能是舍本逐末，缘木求鱼。

法学本科教育应当以培养对法治的信仰为真正的任务，四年的学习过程，则是“学”系统知识和“习”法治信仰的过程。树立法治信仰，营造良好的校园环境，是一个重要的手段。法治信仰的培养靠的是行动，要做到这一点，就要使学生学会自治，学会自行制定规则和遵守规则。在校园里，师生都处处本着一个原则去做：讲章法、讲规则。大家可以商议一个反映共同意志的法则，大家共守，照章办事。有好自治的人民，才有法治的国家。法学院如果先养成一个个小型“法治国”，培养法治信仰的环境就能基本建成。

2.法律思维

法学教育要培养法律人能够认识、理解“法”在社会应有之机能为何，使其在面对具体问题时，有予以分析、判断之能力，这就是培养法律专家所共通的基础素养——法律思维能力。德国比较法学家茨威格特和克茨说过：法律并不纯粹是一种专业训练的对象，而是人们可以从中学习清晰的思维、透彻的表达，以及练习修辞技巧的一个领域。[1]一个法律院校的毕业生，仅仅背诵各种法律条文、司法解释或熟悉一些法律技术的操作程序是不够的，因为再多的法律条文、再熟的法律技术，都不能穷尽一切法律现象，而且法律条文和技术随社会的发展而变动。当碰到鲜见的或者新的法律问题时，只有运用法律的思辨性，利用自身的法律思维能力，进行综合分析和推理，才能帮助大家发现问题和解决问题。

3. 专业知识

专业知识是法学教育的主要内容，是成为“法律人”的基本条件，及其向未来法律职业领域发展的基石。它是指法学本科生在法学学科上所应达到的学术水平。法学本科教育既为法学硕士教育打基础，又为法律实践打基础。这种教育的地位和性质决定了要建立系统而完整的法学基础知识体系，体现基础性、理论性和应用性的特点。同时，法学基础知识体系又是一个开放的系统，随着学科的发展，其事实论据和概念不断充实，组合方式结构不断改变。法学知识包括法学基础理论知识和法学专业知识，以及特殊法学专业方向的专业知识。法学本科生应当获得本国和其他国家制定、执行、管理和解释法律规范等在内的整个法律制度的框架知识，和本国法律文化中的核心法律学说的基本框架及术语。所以，法学本科教育应当以传授法学基础理论知识和法学专业知识为主要内容。

法学基础理论的学习，目的是使学生懂得什么是法学观，对法学概貌有一个总体的认识，包括两个方面，一是相对于专业课（业务课）来说的基础理论课，如法律史、立法学、宪法学、比较法学、法律社会学、法学方法学等。二是法律专业课程中关于法律意识、立法原理方面的知识。法学专业知识是法律人才知识结构中专业性、实用性极强的知识，包括民事法学、刑事法学、商事法学、经济法学、国际法学、行政法学等领域的实体法和程序法知识。无论是法学基础理论知识，还是法学专业知识，关键是要体现学科发展的最新成果。通过学习，使学生把握法律产生、变化与发展的规律，树立现代法律观念，以适应法

①（德）茨威格特，克茨．比较法总论[M]．潘汉典，等译．北京：中国法制出版社，2017：45-46.

律改革的需要。

4.实践技能

法学是一门实践性较强的科学,“法律人”应重视实践技能的培养和训练。在这方面,世界各法治发达国家积累了许多成功的经验。不管是美国模式把实践技能训练贯穿于三年法学教育全过程,还是大陆模式在法学本科毕业后,集中进行两年以专业训练为目的司法研修,它们都十分重视实践技能训练环节在整个法律人才培养过程中的重要作用。

法学本科教育作为一种通才教育,它所培养的实践技能也应体现这一特点。具体分为两类,即基本能力和专业能力。基本能力是基于法学本科教育是高等教育的一部分而产生的,必须符合基础教育的特性和质量要求。也就是说,法学本科教育应当涵盖高等教育人才培养的共性,作为一名大学生所应当具备的基本能力,具体包括:

第一,适应环境的能力。大部分的学生通过本科教育即将走上工作岗位,成为社会的一个组成分子,是一个重大的转折,从这个意义上说,本科教育是学生生活与社会生活的中介。在这个环节中,应当使学生了解社会、认识社会、适应社会,给学生创造深入社会生活的机会,逐渐培养他们适应环境的能力。只有这样,他们才能健康的生存和发展,才能将受到的教育转化为工作的动力基础,才能推动社会的步和发展。

第二,竞争与合作的能力。市场经济是竞争经济,知识经济又加剧了这种竞争。而世界各国的竞争,关键又在于人才的竞争。面对这样一个充满竞争的时代,安于现状、故步自封只能是丧失机会,难于发展。

第三,求实创新的能力。法学教育作为社会科学的一个部门,要求学生首先有足够的知识积累,仅依靠聪明和天资是远远不够的。只有本着求实的作风,认真了解规则、理解规则背后的原理,才能够正确地运用规则。与此同时,法学教育虽然并不像自然科学那样,要求在知识、思考方法和认知水平上具有超越前人的新发展,但仍然鼓励有新的视角、新的理念和新的思维方式。因此,法学本科教育需要跳出概念、特征、分类,通过新的技术、新的方法,教育学生脱离旧的框架,锻炼创新能力。

法学教育除了要体现高等教育的共性内容外,更要体现法学的专业特色。专业能力就是人才培养专业化的质量要求。主要包括以下几点。

第一,语言表达能力。从事法律职业工作必定要与人发生各种关系,人与人之间最重要的首先应该是沟通,而沟通需要借助于语言这种媒介来进行。合格的法律人才必能通过语言来表达其说服力,使法律的内在力量和价值作用于他人和社会。具体分为两个方面:书面语言表达和口头语言表达。在书面表达方面,学生所表达的东西在内容上要求语言准确、文笔流畅,在形式上要求整洁、美观;在口头表达方面,要求学生能够镇定、自然地表达事实和观点,对法科学生来说,无论是课程讨论、法庭辩论、辩护还是与人交往,都离不开口头表达。所以,表达尤其需要清晰、准确、流畅和果断。

第二,实际运作能力。法律是实践性学科,需要将法律熟练、准确地运作于社会之中,也需要通过法律的运作来使法律本身趋于合理。这对于合格的法律人才来说,是一个不断发展着的要求。实际运作能力主要包括分析辨别能力和社会调查能力。法学教育的中心是不断地将法律应用到不同的案例事实中。如果仅有法律知识,缺乏相当程度的分析、辨别能力,是难以找到问题的症结所在,也就难以正确地加以处置。分析是科学方法,是科学精神,分析技能涉及广泛地理解司法制度、经济和社会问题,法学本科教育应培养学生分析辨别习惯和精神。同时,法律生活是活的现实,无论是立法,还是司法、执法,都离不开社会,要使法律活动接近现实生活,反映现实生活,必须做深入、准确的调查研究,社会调查能力对于法学本科生来说,意义重大,能促使他们真正成为未来社会的服务成员。

第三,科学研究能力。科学研究不仅包括知识创新,还包括技术创新。无论是法学教育、法学研究,还是法律实务,都需要科学研究能力。研究能力,究其本质是一种具有创造性、创新性的思维路线和方法。这种思维路线和方法,是个人在知识领域有所发现,在实践领域有所创造的能力基础。法学本科生的科研能力,是在学习基础知识中,在运用知识发现和解决司法案件中,存在的与法律、法理不符的问题中,以及在分析、评价已有法律原理与现实生活的契合与背离的过程中培养的。

5.综合素质

我国《教育法》(2021修订版)规定,教育的宗旨是提高国民素质。全面推进素质教育,是国家赋予高等教育事业的历史使命。法学本科教育是高等教育的重要组成部分,并且以培养法律通才为根本目标,所以,提高学生的综合素质,是其不可推卸的责任和义务。

从世界范围的角度来看,法学本科教育模式千差万别,教学方法也多种多样。但是,法学教育理念却普遍是培养具有广博知识的高素质法律人才。正如美国法学家博登海默所说:“为使自己成为一个真正有用的公仆,法律工作者就必须首先是一个具有文化修养和广博知识的人。”①法律虽然是一门独立的学科,却不是一个自给自足的学科。为了满足社会发展的需要,它必须不断地从其他学科中汲取知识,来充实法律学的科的发展。我国近代著名法律教育家孙晓楼认为:“现代的法学家,决不能再像以前的各守门户专在牛角尖里做工夫了。我们研究法律的学生,至少于法律学以外的各种学科,都有些相当的涉猎。其中,比较重要的,要推经济学、心理学、逻辑学、哲学、历史学、生物学、人类学、伦理学、社会学、政治学等几门。”②攻读法律的学生,如果对本国历史都很陌生,那么,他就不可能理解该国法律制度的演变,以及该国法律制度机构对其周围的历史条件的依赖关系。如果他对世界历史和文明的文化贡献不是很了解,那么,他在理解可能对法律产生影响的重大国际事件时便会处于不利地位。如果他不太精通一般政治理论、不能洞察政治结构与作用,那么,他在领悟和处理宪法与

①(美)博登海默.法理学法律哲学与法律方法[M].邓正来,译.北京:中国政法大学出版社,2004:52-53.

②孙晓楼.法律教育[M].北京:商务印书馆,2017:74-75.

公法等问题时就会遇到障碍；如果他未接受经济方面的训练，那么，他就无法认识到法律问题同经济问题之间的紧密联系，而这种关系在许多法律领域中都存在着；如果他没有受过哲学方面的基础训练，那么，他在解决法理学和法学理论的一般问题时，就会感到棘手。而这些问题往往会对司法和其他法律程序产生影响。目前，我国法学本科教育中提出的素质教育，体现了法学教育应以培养具有广博知识，以追求正义为目标的高素质法律人才的国际化理念，其培养的是真正的、完整意义上的“法律人”。

第三节 我国法学教育改革历程

一、法学教育的初创期

（一）计划经济制度下的法制需求

1956年，我国实行计划经济体制，国家对于社会生产进行统一规划，统一调配，人、财、物等基础资源的调度与分配由国家统一实行。随着计划经济的不断深入，国家调控的范围也在逐渐扩大，从国家建设到百姓的衣食住行，整个国家的基础生产都被纳入调控范围当中。集中力量办大事的生产模式在计划经济初期虽然可以迅速恢复国力，将中国从一个传统农业大国转变成一个现代工业国家，但到了计划经济后期，也导致了社会生产缺乏活力。一方面我国对于经济制度的认识还比较浅显，另一方面传统的社会主义经济理论也认为，社会主义就是“公有制+按劳分配+计划经济”，计划经济是社会主义的本质特征。同时，传统的西方经济学也认为，只有在资本主义私有制的基础上才能发展市场经济，公有制不可能与市场经济成功结合。新中国建立初期百废待兴，社会生产能力较低，居民生活水平也相对较低，满足基本生活需求尚且不易，民众对于法律服务的需求也相对较少。同时，由于民众法律意识缺乏，国家法律制度不完善，法治人才缺乏，民众诉诸法律解决争端的成本很高。法律服务市场缺少经济与制度基础。因此这一时期的法学教育的主要目标是培养服务于国家建设和经济生产的政法干部。

(二)中华人民共和国成立后法学教育体系的建立

1950年后我国实施法学教育改革,由先前民国时期形成的欧美式大学教育为主导的欧美模式转向苏联式专科教育为主导的苏联模式。因我国的法学教育经过院系改革后,逐渐形成了“三院十系”的格局,经过这次调整后,政法类专业学院建制和综合性大学法律系建制的二元格局基本形成,确立了以政法学院为主培养政法干部、以综合性大学法律系为主培养师资的教育模式。[①]对于法律的认识还秉承马克思主义法学的基本认识,只认识到了法律的工具性,认为法律是阶级统治的工具,这种认识过分地强调了法律的阶级属性,忽视了法律价值。其次,过度地强调法律服务于经济发展之下的第二属性,认为法律本身的意义在于服务和促进经济发展,忽略了法律对于经济活动的规范作用。这一时期我国法学人才的培养目标是为国家政法系统提供人才,培训国家司法干部。这也契合了这一时期国家计划经济体制发展的主题,商品经济发展滞后,民间经济法律关系简单,对于法治人才的需求还主要停留在国家层面。这一时期的另一个特点是国家法律体系还没有搭建完成,许多事务的处理还依赖于政策的调整,缺乏一定法律的基础,社会经济活动基本处于法律框架之外。

二、法学教育的成长期

(一)市场经济制度下的法治需求

1978年,党的十一届三中全会上提出改革开放的战略决策,这是新中国成立后第一次确立对外开放的基本国策,而这一次历史性的转变也将中国带入了经济快速发展时期。随着居民的生活水平提高,人居可支配收入的增加,对于物质生活的需求也在增长。1992年,党的十四大确立建立社会主义市场经济体制。我国经济开始进入中高速

①康宁.中国高等教育资源配置转型程度的趋势研究[M].南京:南京大学出版社,2020:58-59.

发展模式，商品经济的发展开始提速。随着生活水平的提高和可支配收入的增长，物质生活和娱乐消费占比提高，社会经济活动日益繁荣，社会对于法律服务的需求也开始增长。伴随着我国法律体制逐步完善，全民法治意识的增强，信法、守法、以法律捍卫自己的权利的意愿也在增加。1997年，党的十五大提出依法治国方略，建立社会主义法治体系，既是对于发展社会主义市场经济体系的确定，也是对于历史经验的总结。同时《法官法》(1995)、《检察官法》(1995)相继出台，标志着我国正将国家的各项管理和改革纳入法制框架。随着我国法制框架的逐渐完善，民众使用法律服务，以法律捍卫自身合法权益的社会成本逐渐降低。

(二)改革开放后法学教育的大发展

1977年8月4日邓小平主持召开科学和教育工作座谈会，决定恢复高考，我国法学教育重新走上正轨。1978年党的十一届三中全会提出"有法可依，有法必依，执法必严，违法必究"的16字方针。邓小平强调，建设一个社会主义法制国家，要大力发展法律院校。中国法学教育迎来了第一个大发展的黄金时期。1983年，为进一步缓解政法人才紧缺的问题，同时为提高原有政法人员的专业素质，教育部、司法部强调"多层次、多形式办学""全日制教育与业余教育并举"。我国特有的"多层次、多规格、多形式"法学教育格局在这一时期基本形成。这一时期的法学教育发展主要以中低层次的法学教育为主，如中专法学教育，大专法学教育，广播电视大学等，此种法学培养模式其优点在于培养周期短、见效快，能迅速弥补国内环境造成的法学人才短缺问题，但这种培养的缺点也较为突出，学生难以在短时间内吸收法学的精神和内核，对于法律规范的理解也比较有限，适用法律时比较僵化。

1992年，邓小平南巡讲话和十四大的召开，标志着社会主义市场经济体制的正式确立。市场经济体制的确立要求进一步明确对私有财产的保护，要求明确经济主体的市场地位，平等保护不同经济主体在经济活动中的合法权利，要求各种经济活动在法律的框架内进行。法治是市场经济得以发展的基石，缺少对于私人财产的尊重和保护，社会主体进入市场的意愿就会被抑制，市场经济也无从谈起。市场经济的建立和发展离不开法治建设，而法治建设则要求法治人才的有效输出。

1997年，国家践行依法治国的决心与经济改革对于法治的实质需求，已经向市场散发出强烈信号——法学人才将成为未来中国发展的必需品。虽然法学呈现出大发展的繁荣景象，但也导致了法学办学质量良莠不齐，法学毕业生就业困难等问题。从经济学角度来说，这是由于外部条件变化，内生产要素不能在短时内有效的自我组织而导致混乱的现象。

三、法学教育的成熟期

（一）市场经济制度完善与法治需求的转变

改革开放以来，随着我国经济的不断发展，对市场经济的认识也在不断地加深。市场经济制度在我国的经济发展中的地位不断提高。从市场经济建立初期市场在资源配置中的“基础性作用”到党的十八大报告中明确了市场在资源配置中的“决定性作用”。国家运行市场经济的经验不断积累，调控市场经济的能力不断增强，完善市场经济制度的探索不断深入。

2017年，习近平总书记在党的十九大报告中提出，当前我国经济已由高速增长阶段转向高质量发展阶段，正处在转变发展方式、优化经济结构、转换增长动力的攻关期，建设现代化经济体系是跨越关口的迫切要求和我国发展的战略目标。必须坚持质量第一、效益优先，以供给侧结构性改革为主线，我国的经济发展已经从单纯地追求量的发展模式转向求质的发展模式，因此我国的法学教育建设不能再继续大发展模式，单纯追求法治人才量的发展，大力开办学校，设立学院。这种“多形式，多层次”的法学教育发展模式亦与我国当前经济发展的主旋律不相符。

（二）法学专业学位正式开展

1996年我国推行法律硕士专业学位，探索培养应用型、复合型高级法治人才。2006年我国法律硕士完成试点改革。易继明教授认为，虽然法律硕士培养试点在十年内虽然明确了法律硕士的培养目的，但是对于法律硕士应该如何培养，法律硕士学制的设置，法律硕士课程的设置，法律硕士学位论文要求等仍处于模糊的状态。法律硕士课程设置多以参考法学本科设置为主，难以将研究生培养与本科生培养进行有效的区分，即“大本科”培养模式，而学术评价上则直接套用法学硕士培养模式和评价指标。与培养复合型、应用型的高级法律人才的培养目标相去甚远。

第四节 人才及人才培养模式概念

一、相关概念界定及简要分析

（一）人才的概念及特征

1. 人才的概念

20世纪70年代末80年代初期，在人才学创立过程中，“人才”的定义被提升到理论研究的高度。在此后40多年人才学发展过程中，出现了很多有关“人才”定义的代表性观点。进入21世纪，罗洪铁先生对人才的定义获得普遍认同，他认为：人才是具有良好的内在素质，能够在一定条件下通过不断地取得创造性劳动成果，对社会的进步和发展产生了较大影响的人。

2. 人才的特征

尽管对人才的定义众说纷纭，但一般都包括以下特征：

（1）时代性和社会性。即人才是处于一定社会历史条件下的人才，离开了社会和历史就无所谓人才。

（2）内在素质的优越性。认为人才拥有优于一般人的素质，没有较高的素质，称不上人才。

（3）劳动成果的创造性。强调人才的劳动不同于一般人模仿性和重复性的劳动，其劳动成果具有创造性。

(4)作用的进步性。认为人才能以其创造活动改造自然、改造社会，因而能够推动人类社会的发展进步。

(二)模式的概念

模式作为人文社科领域中常用的一种科学的认识手段和思维方式，是连接理论与实践的中介。[①]简单地讲，模式就是解决某一类问题的方法论或范例。教育工作者将模式研究方法引入教育科学的研究领域中，有助于对教育进行理论分析或观察、实验、模拟、操作，从而获得对教育更深刻、更本质的认识，用于指导教育实践。

(三)人才培养模式的概念及特征

1.人才培养模式的概念

在我国高等教育理论界，首次对这一概念做出明确界定。刘明浚在《大学教育环境论要》中提到，人才培养模式是指“在一定办学条件下，为实现一定的教育目标而选择或构思的教育教学样式。”教育部在1998年下发的文件《关于深化教学改革，培养适应21世纪需要的高质量人才的意见》中对“人才培养模式”的内涵做出直接表述，指出人才培养模式是学校为学生构建的知识、能力、素质结构，以及实现这种结构的方式，从根本上规定了人才特征并集中地体现了教育思想和教育观念。龚怡祖在《论大学人才培养模式》一书中，将培养模式描述为：在一定的教育思想和教育理论的指导下，为实现培养目标(含培养规格)而采取的培养过程的某种标准构造样式和运行方式，在实践中形成了一定的风格或特征，具有明显的系统性和范型性。阴天榜等人认为：在教育活动中，在一定的教育思想、教育理论和教育方针的指导下，各级各类教育根据不同的教育任务，为实现培养目标而采取的组织形式及运行机制，即是培养模式。

不同的学者在对培养模式的内涵进行界定时，表述亦有所不同，但基本上都涵盖了以下几点：第一，以一定的教育思想和教育理论为指导；第二，以实现培养目标为目的；第三，培养模式是一种样式(或机

①刘文华. 应用技术本科教育课程模式研究[D]. 上海：华东师范大学，2017:74-75.

制)。近年来,经过高等学校的实践,达成了这样的共识:人才培养模式就是在一定教育思想和教育理论指导下,为实现一定的培养目标,而在培养过程中采取的某种能够稳定培养学生拿捏系统的知识、能力、素质的结构框架和运行组织方式。

人才培养模式是有层次的。最高层次是主导整个高等教育系统的模式;第二层次的人才培养模式是各高校所倡导、践行的培养模式;第三层次则是某专业独特的培养模式。本文探讨的是第三层次即专业层面的人才培养模式。

2.培养模式的特征

(1)系统性:人才培养模式是由一系列必不可少地要素构成的,要素与要素之间必须存在目标取向上的紧密的内在逻辑联系,彼此协调运作,形成一个完整统一的系统结构,共同完成培养过程。因此培养模式的首要特征就是系统性。

(2)范型性:一定的培养模式应是对一定的培养过程更本质、更准确的理论概括,可以使教育主体照着去做并可以收到相应效果的标准范式,对于同一类型培养过程具有普遍适用的指导意义。当然,这并非说培养模式的范型性意味着单一性,办学主体由于所处地区经济发展水平与社会文化环境的差异,根据实际情况做出相应的变更。事实上这一特征是促进培养模式向多样化和丰富性发展的重要前提。

(3)中介性:培养模式是以某种教育思想、教育理论为基础建立起来的范型,是教育理论与教育实践得以发生联系和相互转化的桥梁与媒介,使得教育工作者在人才培养活动中能够据之进行有序操作,以实现培养目标。培养模式的中介性也使得它向理论方向延伸便具有范型性的特征,向实践方向延伸便具有可操作性的特征。

(4)可操作性:培养模式所对应的培养目标和所提出的各个要素及其结构方式,应当是清晰可认的;所提出的策略、方式,应是可以准确把握和运用的;所提供的程序、步骤、环节,是可以稳妥操作的。总之,整个培养过程能够置于教育主体的有序、有效、有力控制之下。

(5)稳定性:培养模式是对大量的教育实践的理论抽象与概括,揭示了人才培养活动中的一般规律,需经过一个相当长的提炼过程才能够创造出来。而一旦形成,一般来说都会稳定地持续相当长一段时间,不会突然发生大的变更甚或消亡。

(6)变革性:培养模式具有稳定性,并不意味着其是一成不变的。稳定性是相对的,一定的培养模式总是与一定社会历史时期的政治、经济、文化、科技、教育水平相适应,当时代发生变迁,社会各方面对人才素质的要求发生了明显变化时,培养模式自然也要随之变化,以实现自身的更新,与新的时代背景保持一致。若拒绝变革、保守残缺,势必遭到淘汰,被其他更富生命力的培养模式取而代之。

二、人才培养模式的构成要素

对人才培养模式概念理解的差异也产生了在构成要素上的众多不同观点,具有代表性的是龚怡祖的理论。他认为人才培养模式包含专业设置模式、课程体系构造形态、培养途径与知识发展方式、教学运行机制、教学组织形式、淘汰模式。笔者认为人才培养模式要素应包括以下几个:

(一)培养目标

培养目标在人才培养模式中起着导向作用,其余要素均受其制约,规定了对受教育者培养的方向及在一定的修业年限结束后应达到的要求,是教育目的、教育理念的具体化,是教育教学活动的出发点和归宿。在制定人才培养目标时,制定主体应考虑以下四个层面的内容:首先培养目标应符合时代背景与社会发展需求;其次应符合我国教育方针对各类教育人才培养的总体要求;然后还应符合教育法规对教育的一般要求,即学生应当掌握的基本理论和实践技能;最后,与学校的自身特点、办学定位相一致。故高等学校在制定本科人才培养目标时,应根据社会需求培养通才抑或专才,学术型人才抑或应用型人才,明确本科教育与其他类别教育的差异,在高等教育法的指导下,结合自身的特色或优势,使学生在规定的修业年限结束后掌握必备的知识和技能。高校培养目标最终又是以专业培养目标体现出来的。专业培养目标一般包括培养方向、使用规格、规范与要求等要素。

有的学者在论述人才培养模式构成要素时,提到了培养规格这一概念。这里简单概括一下培养目标和培养规格的联系。培养规格是培养目标在学科或专业培养质量标准的具体化,规定着学生应当掌握的专业或学科的理论知识,能力水平,实践技能和素质要求。与培养目标相比,培养规格具有可操作性,灵活性更大。培养规格通过教育教学内容和课程体系表现出来。培养规格中规定的知识结构、能力结构和素质结构决定了教育教学内容和课程体系具有综合化、结构化、灵活性和新陈代谢机制。总之,培养目标与培养规格是一般与具体的关系,培养规格更加灵活,能及时跟随社会行业的发展及其对人才的要求作出调整,影响培养过程,以更好地实现培养目标。

(二)课程设置模式

所谓课程,即是教学内容按一定的程序组织起来的系统,是教学内容及其进程的总和。课程设置历来被视为人才培养的核心内容,决定着接受教育者的知识、能力和素质。课程结构往往由若干个模块组成。我国高校本科课程一般分为公共课程、基础课程、专业基础课程和专业课程四大模块,每一模块包含一系列学科。目前,大学课程结构与学科设置均比较重视基础课或普通教育课,越来越重视多学科相互渗透和跨学科课程的设置。衡量课程设置是否科学化、合理化,主要有以下几个参考指标。

(1)课程设置数量:课程设置数量是决定课程体系丰满、丰富的基础。课程总量过小的高校将无法提供足够数量的普通教育课程和选修课程,从而限制宽口径专业目标的实现和复合型人才的培养。只有课程数量充足、课程资源丰富的设置体系才可以有效满足各种教学计划要求,通过一定的教学运行机制释放出更大的教育能量。

(2)课程体系综合化程度:体系综合化程度反映一所大学中学习领域的广度及综合程度,具体说,一是看课程的学科种类是否广泛,二是看课程融合是否密切。课程的综合化程度对人才知识能力结构具有明显影响,综合化程度高有利于人才跨学科跨专业选课,开阔知识视野,激发探索性的思考,打下雄厚的学术基础,塑造完整的人格,增强综合能力的培养。

(3)课程结构的平衡程度:课程结构的平衡指各种类型的课程在数量、学时与质量等方面协调匀称,有利于培养学生合理的知识和能力。在课程结构中,最重要的是明确本专业的核心课程或主干课程。其次要根据社会发展要求和学校、专业自身特点来确定主干课程与一般课程、基础课程与专业课程、必修课程与选修课程、理论课程与实践课程的比例关系,使之达到最佳化。

(4)课程设置机动性:课程设置机动性是指课程体系满足人才多样性、层次性以及柔性化教学要求的能力。提高课程体系的机动性,一般有实行课程模块化、系列化,增加选修的经纬性等途径。课程模块化、系列化是指课程在编制时按照学科类型、课程类型、功能类型、需求类型等要求进行模块编制,形成系列化体系,以不同的模块组合方式去满足各种教学计划的需求。增加选修的经纬性指不但开设横向的选修科目供学生选修,而且允许学生选学纵向的课程,即低年级学生可以选修其感兴趣而又可以接受的高年级专业课,高年级学生亦可根据其需要选学与专业有关的、为低年级开设的某些基础课程。

很多人在表述课程设置模式时容易与专业设置模式相混同。专业设置模式指的是设置口径、设置方向、设置时间、设置空间等方面的问题。设置口径有宽窄之分,从世界范围看,最宽可至学科群,最窄可至三级学科。当代高等教育正在提倡向宽口径方向发展,即所谓的“淡化专业界限”;设置方向是指在专业口径内划分的专业主攻方向,一般攻读研究生学位需选择专业方向;专业设置时间有松紧之分,学生可以在入学时就选定专业,也可以先接受通识教育到一定阶段之后再分流培养;设置空间有大小之别,空间小的以专业为界,没有丝毫弹性,空间大的则可以允许转专业转院系或跨专业跨院系甚至还可以与研究生教育打通,这种做法很适合于复合型人才和贯通型人才的培养,不过目前仍处于理论阶段,没有高校去尝试。

(三)教学模式

教学模式是培养模式的执行要素,在培养模式中占有十分重要的地位，培养目标能否实现，很大程度上取决于运作质量。教学模式从狭义的角度来说，主要指教学运行机制、教学组织形式、教学方法、教学手段等一系列因素。

1. 教学运行机制

教学运行机制有基本教学制度和组合教学制度两种。基本教学制度主要指学年制和学分制。学年制以必修制为主要形式，课程有严密的层次划分及先后顺序，教学计划统一，但结构刚性，培养规格单一，不利于学生的个性发展与潜能开发。学分制以选修制的存在为前提，以达到一定的学分数量作为毕业的标准，较弹性化、柔性化，较好地适应了学生的个体差异，通过自主的选课机制形成富有个性的专业知识结构和多学科渗透结合的文化素质。目前我国大部分学校对学年制和学分制进行取舍糅合，以适应不同的培养要求。组合教学制度在目前主要有双学位制、主辅修制、本加专制、“本硕连读”制、“硕博连读”制等，客观上为不同状态、不同目标的学生提供了多条学习途径。组合教学制度极大地拓展了人才培养模式的丰富性与多样性能够很好地适应个人与社会的不同需求，非常有利于对宽口径、复合型人才的培养。

2. 教学组织形式

教学组织形式一般指教学空间组织形式和教学时间结构。从空间形式看，主要有班级教学和个别教学两种基本形式，其他诸如多级制、不分级制、开放制等教学组织形式，都是从这两种基本模式派生出来的。教学时间结构包括课时、学季、学期多种层次，体现为课堂时间结构、学期时间结构等多种结构。追求教学效率是设计教学时间结构的重要目标，一个合理的教学时间结构在好的教学方法的配合下，能产生较好效果。

3. 教学方法和教学手段

人才培养活动的一个重要环节就是教学活动，教学活动的进行依靠一定的教学方法。教学方法是教学活动过程中教师与学生为实现教学目的和教学任务要求，在教学过程中所采取的行为方式的总称。

教学方法体现了特定的教育和教学的价值观念，指向实现特定的教学目标要求，受到特定的教学内容、具体的教学组织形式的影响和制约。在教学活动中，比较常用的教学方法有以语言传递信息为主的讲授法、讨论法等，以实际训练为主的练习法、实验法、实习法等，以引导探究为主的发现法、探究法等。各个教学方法各有利弊，教师应根据不同的教学内容、教学目标选择不同的教学方法。

与教学方法相近的还有教学手段，很多人在表述培养模式构成要素时，将教学手段与教学方法混为一体，其实二者大不同。教学方法是指方式、原则，教学手段是指为了使教学活动能够顺利进行而借助的辅助工具。传统的主要教学手段就是黑板、粉笔、教材等工具，随着高科技的发展，各种电化教育设备开始走进课堂，多媒体逐步被广泛应用，教学手段正朝着信息化的方向发展。

4.评价机制

评价机制在本文指依据一定的原则建立的与专业培养目标、培养方案、培养过程相适应的评价方法与标准，以保障专业培养目标的落实、完成。评价的实质是对教育教学活动的价值进行判断，以此来提高教育教学的质量和效益。培养评价是人才培养活动中的最终环节，也是衡量和评判人才培养活动成败优劣的环节，同时还是影响下一次人才培养活动的重要环节。在人才培养模式中，一方面评价机制可以衡量和判断人才培养活动是否成功，是否达到了预期的人才培养目标，另一方面通过人才评价机制我们可以有效地监控人才培养活动过程，及时发现并纠正偏差行为，进而保证人才培养活动能够按照预定的人才培养方案进行。

评价机制有内外两种评价，一种是学校内部的评价尺度，一种是学校外部的评价尺度，即社会的评价尺度。社会对高等学校人才培养质量的评价主要是以高等学校毕业生的质量作为评价依据。社会对毕业生质量的整体评价，主要是评价毕业生群体能否很好地适应国家、社会、市场的需求。学校内部的评价尺度，主要是以高等教育的内部质量特征作为评价依据，即评价学校培养出来的学生，在整体上是否达到学校规定的专业培养目标的要求。一般来说,评价所需要的信息和资料是通过考核的方式获得的。考核的方式多种多样,但一般主要采用理论知识考查来进行考核。现在越来越多的学者、专家主张复试考核,即在考核时,根据考核内容和目的把几种方式结合起来。在学生学完某门专业课程后,除了进行理论知识的考查,还增加平时考查和实践技能考查。复试考核方法改变了以往单一的孤立的考核方法,其考查的项目多,涉及的知识、技能面广,有利于全面、真实地了解学生的专业素质情况,加强对实践教学内容的考查,检验了学生实际操作技能和即时解决问题的能力。

各种教育评价活动的目的是判断"三个方面的符合程度",即学校的办学定位是否符合社会需求;学校的专业培养方案是否符合学校的办学定位;学校培养学生的教学效果是否符合培养目标的设定。

第五节 应用型法律人才培养模式内涵、必要性及原则

改革开放以来,市场经济的蓬勃发展和法治建设的推进,社会对法律人才的需求不断扩大。为适应社会的需求,我国法学教育在扩招的推动下迅速发展,特别是进入21世纪以后,快速发展。在一定程度上满足了社会对法律人才的需求,但只注重数量的盲目发展模式严重损害了法律人才培养的质量,导致我国法学教育与法律实践的脱节。由麦可思研究院撰写的《中国大学生就业报告》指出:法学专业是就业红牌专业,法学专业失业率较高,就业率、月收入和就业满意度较低。该报告在社会上引起较大反响,法学院校应当怎样培养出社会真正需要的法律人才,成为社会各界热议的话题。为此,教育部,中央政法委员会专门组织开展了法学教育质量调研,并在调研基础上于2011年出台《关于实施卓越法律人才教育培养计划的若干意见》。该文件指出,高等法学院校应加强应用型、复合型法律职业人才培养工作。本部分将重点探讨应用型法律人才的基本内涵;为什么要培养应用型法律人才;当前应用型法律人才培养的一般模式、存在的问题及出路;应用型

法律人才培养模式构建应坚持哪些基本原则。

一、应用型法律人才的基本内涵

法律人才是中国法治建设的第一资源,可以说今天的法学教育将决定明天中国的法治建设。在我国法学教育领域,学术型教育和应用型教育一直是争论的焦点。改革开放初期,侧重于传输基础的、理论的、抽象的、知识的法学教育,在弥补法学教育的空白方面起到一定程度的作用。现如今,培养应用型法律人才的呼声日益高涨。其原因在于国家法律人才或准法律人才的"人",是法律规范的践行者,是国家司法系统运行的工程师,是国家法治文明发展的改革家。"是他们来调整这个社会的社会关系,是他们来解释这个社会的相关的法律条文,是他们把这一平衡的知识来应用于社会的调整过程中"。同时,法学是一门"应用性科学",而培养出来的法学学生却缺乏应用性更是一个巨大的悖论。基于上述两种分析,着重培养应用型法律人才已成为时代趋势。

目前我国法学界对应用型法律人才的定义存在以下几种看法。王利民教授认为:应用型复合型人才,意在培养未来在立法机关、司法机关、行政机关、各类法律服务机构工作以及从事企业法务等工作的优秀人才。[①]霍宪丹教授则认为:应用类法律人才,又称法律实践者,主要指法官、律师、检察官以及立法人员、公证员等。[②]赵秉志教授认为:应用型法律人才是将法律专业知识和技能应用于法律实践的一类专门人才。[③]各位学者基本上对应用型法律人才的定义没有分歧,即都认为应用型法律人才就是专门将专业法律知识应用于现实社会中解决相应的法律问题的人才。

虽然对应用型法律人才的定义没有争议,但对应用型法律人才应

①王利民.民法学:法学专业本科核心课程[M].北京:中国财政经济出版社,2003:102-103.

②霍宪丹.当代法律人才培养模式研究[M].北京:中国政法大学出版社,2005:87-88.

③赵秉志.刑事大案要案中的法治理解[M].南京:江苏人民出版社,2019:96-97.

具备的基本能力却看法各异。如陈京春教授认为应用型法律人才的能力包括:法律资料的收集与处理能力、法律思维能力、对司法活动进程准确判断和把握的能力、举证质证的能力、法律事务的语言表达能力、法律文书的写作能力和坚守法律职业伦理和规避职业风险的能力。而西南政法大学陈彬教授认为法律职业能力更多地体现为实际从事司法工作的能力,包括交流能力、实践能力、创新能力和适应社会的能力。教育部、中央政法委员会颁布的《关于实施卓越法律人才教育培养计划的若干意见》中,对应用型法律人才的培养要求提出了意见,适应多样化法律职业要求,坚持厚基础、宽口径,强化学生法律职业伦理教育、强化学生法律实务技能培养,提高学生运用法学与其他学科知识方法解决实际法律问题的能力,促进法学教育与法律职业的深度衔接。综合目前大部分学者的观点,笔者认为作为应用型法律人才必须具备以下能力:

第一,必须具备扎实的法律专业基础知识、深厚的法学理论功底和敏捷的法律思维。首先,掌握扎实的法律专业知识是成为应用型法律人才的基础和前提,是用法律方法解决法律问题的必备条件。法律是法律人的行为规范及活动准则,是法律实践者进行法律实践活动的必备条件。没有扎实法律专业基础知识的"法律人",就不能成为应用型法律人才,因其不能满足应用型法律人才必须具备的素质和条件。其次,掌握法学理论知识是法律人成为应用型法律人才的前提。法律人所谓的知法与一般人理解地知法大不相同,不仅要熟悉重要的法律规范,还应明白相应的法学理论。法律法规不可能十全十美,具有不足性和滞后性,因而法律人不仅应当"知法",而且需要熟悉国家的法律体系,应知道法律为什么这样规定,做到既知其然,也知其所以然。正如学者指出:对于一名学习法律的人来说,法学理论素质的提高比其他任何事情都更为重要。最后,应用型法律人才还应当具备运用法律思维对各类社会现象与事件进行判断的能力。应用型法律人才不仅要解决诉讼案件的法律问题,还需要解决各种非诉讼案件的法律问题;不仅需要他们具备扎实的法律专业知识储备和熟练运用法律的能力，还需具有把法律知识转化成解决实际法律问题的能力，进而要求他们在掌握丰富法律知识的基础上，能运用法律思维分析和判断具体法律问题。

第二，必须具备较强的法律应用能力。法律应用能力是应用型法律人才必须具备的一项能力。法律应用能力是指法律人能将专业知识与法律应用相结合的能力。具备法律应用能力者不仅能运用法律专业知识切实解决法律实践中的问题，还能通过解决法律实践中的问题提高自身的法律专业知识，进而增强法律应用的能力。这主要要求法律人在法律实践中有较强的发现、分析和解决问题的能力，能够熟练运用相应的法律和理论知识解决相关的实践问题。

第三，必须具有相应的开拓创新能力。创新是一个民族进步的灵魂，是国家兴旺发达的不竭动力。创新思维要求我们能突破常规，跳出既定的思维定式去思考、解决问题。法律实践中的问题总是千变万化、层出不穷。因此，应用型法律人才必须具有针对实践中的种种问题，进行创造性地分析和解决新问题的能力。

第四，必须具有较强的综合能力。目前，我国社会正处于新的转型期，各种环境要求应用型人才必须具有较强的综合能力。应用型法律人才不仅需要具备扎实的专业知识和过硬的职业技能，还应当具备社会学、政治学、管理学、人类学、经济学，甚至是工程技术等多方面的知识。正如美国法学学者博登海默所提出：一个人要是只懂得法律技术，只知道审判程序和精通实在法的技术规则，那他不会是一个头等的法律工作者。①因为法律纠纷千差万别，涉及社会生活的各个方面，大量的法律问题和法律关系，都具有复合性的特点，解决这些问题和调整这些关系，仅靠高度专门化的法律知识和办案经验已显得捉襟见肘。要想能合法高效地解决该类纠纷，必然要求该法律纠纷的解决者，拥有较强的综合学科知识。如公司法律事务的解决者，应当懂得一些与公司运行相关的基本知识；国际贸易纠纷解决者，应当懂得与国际贸易相关的商贸知识；知识产权纠纷的解决者，应当懂得与知识

①(美)博登海默．法理学——法哲学及其方法[M]．北京：华夏出版社，1987:75-76.

产权相关的知识等。

二、注重培养应用型法律人才的必要性

(一)应用型法律人才培养是法学教育的根本目标

第一,这是高等学校教育的基本要求。教育不是言辞的传授,而是经验的实践过程。现代教育理论普遍认为,教育的实质就是一种社会实践活动。教育的实践性决定了人才培养的应用性。如果教育与实践应用相背离,当然不会是成功的教育。因此,高等院校的法学教育同样需要注重培养学生的应用能力。因而,培养应用型法律人才是我国法律人才培养的必然要求。

第二,这是由法学学科的性质所决定的。法学是一门以法律为主要研究对象的实践性很强的学科,研究法学要有一定的理论作指导,但是法学发展更需要与法律实践相结合。俄国哲学家车尔尼雪夫斯基曾说:实践是思想的真理。如果离开法律实践去研究法学,那么研究成果将成为无源之水、无本之木。因而,法学学科的实践性决定必须注重培养应用型法律人才。

第三,这是由我国社会主义法治建设现实需要所决定的。我国正处于社会主义法治国家建设阶段,需要大批熟练应用法律知识的法律人才。为此,我国法律人才的培养应当注重应用型法律人才的培养,为我国社会主义法治建设服务。不然我国的法学教育将会同社会的实际需要脱节,培养的法律人才也将无用武之地。

第四,这是由提高法律人才素质的途径决定的。马克思曾言:全部社会生活在本质上是实践的。同时,古罗马哲学家吕齐乌斯·安涅·塞涅卡也指出:一个人,只有在实践中运用能力,才能知道自己的能力。法律人要想提高自己法律素养,就必须在实践中加强训练。因此,应用型法律人才的培养是我国高等法学院校法学教育的基本要求。

(二)法学教育的现状决定必须培养应用型法律人才

法学具有很强实践性,在法学理论教育的基础上,加强应用型法

律人才的培养,这已形成共识。但是应用型法律人才培养却因种种原因而开展不足,这就要求进一步加强应用型法律人才的培养。

第一,观念上普遍对应用型法律人才培养的重视不够。一方面,重视科研胜于教学。近年来,高校非常重视科研,以科研为主导的考核方式对教学形成一定的挤压,老师和学生也重视科学研究,把发表文章作为晋升职称或评优评奖的重要指标。开展科研工作可以提高学生的写作、思维等能力,但这必定导致其在法学应用知识学习方面的精力偏少,理论知识与实践知识的结合不够紧密,法学知识与法律应用能力增长不同步。另一方面,理论教学时间严重挤占应用教学时间。由来已久的理论教学重于应用教学的观念,使得理论教学受到优待,应用性课程、实践训练严重缺乏。因为应用型教学任务重、难度大、效果难以考核,教师往往对其“避而远之”。

第二,学生数量大导致应用型法律人才的培养难度增加。应用型法律人才培养项目多数要求小班化教学,应用型法律人才培养项目不能适应不断壮大的法学学生规模,因此应用型法律人才的培养还显得十分不够。如2000年引入的法律诊所教育,中国政法大学、华东政法大学等高校都开始开展法律诊所教育。随着招生人数的逐年增加,法律诊所教育的师资却增长缓慢,已经开展法律诊所教育的高校也很少有扩大规模的情况,导致参与人数没有大的增加,大部分学生无法受到相应的能力训练。

第三,进行应用型法律人才培养的师资不足。现有法学教师在自身成长过程中,受到应用型法律能力训练情况很大程度上影响了他今后如何开展教学工作。之前侧重理论教学的法学教育模式,将会通过教师继续传递给下一代学生。现有师资培训制度不够完善,不能给老师提供高质量的培训课程。虽然现有实务部门的专业人员陆续充实到教师兼职队伍,但是校内外教师之间的交流不够,造成开展应用型法律人才的能力训练难度大的问题。

(三)法律人才现状决定必须加强应用型法律人才培养

社会经济发展对法律人才的需求很大,但目前法学教育的人才产出与法律实践脱节，决定了高等法学院校必须加强应用型法律人才的培养。随着我国经济的发展，法治建设的推进，国民素质的提高，社会对法律人才的需求不断扩大，尤其需要具有维护公平正义情怀、业务能力精湛、沟通表达能力强的应用型法律人才。我国当前的法律人才储备不能满足社会经济发展的需求。仅从律师职业讲，同国际市场比，我国法律服务市场仍有很大差距。我国每一万人能分配到的律师为0.93人，美国、法国、英国和日本同比拥有31.7人、6.2人、15.4人和6.2人。社会法律人才缺口如此之大，但与此同时法学学生就业却屡屡"爆红"，从2008年开始，由麦可思研究院编著，社会科学文献出版社出版的"中国大学生就业报告"系列图书每年对各个专业的就业率进行统计，其中法学专业的就业率一直处于较低状态。用人单位对法科学生的法律业务上手不快、法律应用技能不熟练表示不满意。这种结构性矛盾的根源在于法学教育与法律实践之间的脱节，迫切需要加强应用型法律人才培养，以适应社会对应用型法律人才的需求。

（四）相关利益主体要求加强应用型法律人才的培养

法学院校在培养法律人才的同时，需要顾及各相关利益主体，包括国家、社会用人单位以及学生等，这些主体对法学教育提出了加强法律应用能力培训的要求，这就决定了法学院校必须加强应用型法律人才培养。一方面，这是教育主管部门对法学教育的要求。教育部、中央政法委员会、地方教育主管部门都相继启动了进行法学教育改革的卓越法律人才培养计划，促进法学教育改革，提高法学人才培养质量。另一方面，这是学生的要求。学生是法学受教育的主体，也是法学教育服务的消费者和体验者。学生是否满意是检验法学教育质量的重要标准。不包分配、竞争上岗、择优录用机制的出台，宣告包分配的"黄金时代"结束。面对强大的就业压力，努力提高自身竞争力尤其是与未来职业相关的各项能力，是学生努力追求的目标。对于有志于法律职业的学生，得到相应的法律应用能力培训是他们热切的愿望。因此，加强应用型法律人才培养成为必需。

三、构建应用型法律人才培养模式需坚持的基本原则

（一）必须坚持实践性教育与通识性教育相统一原则

由于受我国传统教育“传道、授业、解惑”以及大陆法系重理论和体系的影响，不能对通识性教育全盘否定，而应当取长补短，做到实践性教育与通识性教育相统一。一方面，实践性教学不可能离开通识性教学而实现。法学实践性教育永远都要求对法学理论有一定的掌握和理解，只能在通识性教学的基础上才能够很好地开展。另一方面，实践性教学只能教给学生那个时代融入社会的本领，然而社会是不断变化的，通识性教育却可以教给学生离开校园后几年、十几年、几十年依然能适应社会变化的理论知识和理论素养。因而，我们必须坚持实践性教育与通识性教育相统一。

（二）必须坚持“以法为本”的原则

应用型法律人才培养模式的培养目标是单一的，即培养应用型法律人才，而不是管理人才、财经人才或其他方面的人才。因而，我们在制定人才培养方案、安排相应的教学课程时，要注意把握其他社会科学学科课程设置的量，以及考核方式和尺度。

（三）必须坚持法学应用技能和职业伦理的培养相统一原则

对法科生而言，应当有严格的道德自律，其人性应当达到一种更高的境界。正如我国著名教育家陶行知所言，千学万学，学做真人。另一方面，法学教育是现代高等教育中的一门职业教育。职业教育首先必须加强职业道德的培养。如果一个法律人缺乏良好职业素养，那么他将很难忠实于法律并服务于社会。一些法律人因经受不住利益的诱惑，徇私枉法、违背自己的良心和职业道德，不仅没有起到促进法治的作用，反而阻碍了法治建设的进程。因而，我们在注重培养应用型法律人才的法律应用技能时，不能忽视对其良好职业道德的塑造。

（四）必须坚持党对创新人才培养的全面领导

创新人才的培养必须坚持“党管人才”原则，习近平总书记强调：“择天下英才而用之，关键是要坚持党管人才原则。”党管人才，就是要

尽力做好“聚才用才”，竞相激发好各类人才的创新活力，让其聪明才智充分涌现。党管人才的原则是在“管宏观、管政策、管协调、管服务”的基础上，习近平总书记在不同场合多次强调“加强政治引领和政治吸纳”“着力破除束缚人才发展的思想观念，推进体制机制改革和政策创新”“开创人人皆可成才、人才尽展其才的生动局面”。这一系列重要论述极大地丰富了党管人才的内涵。党管人才的原则就是强调要通过党的领导核心作用，确保党的人才发展工作在正确的轨道上前进，这是党的优良传统的继承和发展，是中国特色社会主义的制度优势，体现了我国在国际人才竞争方面特有的制度优势，为破解人才发展难题提供了重要保障。显然，党管人才的原则也必须贯穿于创新人才培养工作中，各用人主体要“树立强烈的人才意识”，在培养培育创新人才、引进使用创新人才、团结服务创新人才等方面必须严守党管人才原则。特别是高校和科研院所要落实党组织和相关业务部门关于党管人才的各项要求，充分发挥党管人才的制度优势，积极为创新人才的发现、培养、使用等方面创造有利条件。

第六节 应用型法律人才培养模式应用

一、法律诊所

法律诊所，即指模仿医学院培养学生的方式，在高校法学院以诊所教育模式开展法律教育，通过大量的法律实践使学生获得法律实务经验及实务技能的教育模式。相对于以往传统的课堂讲授式教育，这种教育模式有非常突出的实践优势，通过它能更好地实现法学理论与法律实践的统一。

目前，国内高校的法律诊所开展各具特色。综合其特点及性质，大致可以分为以下两类。

第一，“内设式”法律诊所。即指在法学院中单独设立法律诊所，尽管效果极佳，但对地方院校来讲，成本负担较重。

第二，法律援助式诊所。将诊所教育与法律援助相结合开展实践教育，通过法律援助获取稳定案源，又能从中挑选合适的案例作为诊所课堂教育的实践案例，实践与教学相辅相成。

近年来，地方高校多采用第二种方式开展法律诊所教育，发展较好的有西南政法大学法律诊所、中南财经政法大学法律援助中心、中国人民大学法律诊所等。由于各高校具体情况不同，其名称可能各不一样。但究其实质，均是将法律援助与诊所教育相结合的复合性质组织，对外开展法律援助，提供义务法律咨询，对内开展诊所课堂、进行实务技能培训。

（一）法律诊所之具体运行模式

目前，高校的法律诊所基本可分为上述两类。由于各高校发展情况不一，法律诊所发展大多为第二种，即法律援助式诊所。因此，此处所述的法律诊所具体模式是针对法律援助式诊所运行模式的探讨。

法律诊所，究其根本，是依托于各高校的自治型或半自治型组织，讨论一个组织的运行模式，又应具体到该组织的各项制度和组织架构等。各高校根据各自不同的具体情况设立诊所章程和各项制度，并以此为根据进行日常运作。

1.法律诊所一般组织架构

作为应用型法律人才培养模式之重点，法律诊所的设立及诊所教育模式在高校的普及至关重要。组织的具体运行与其组织架构密不可分，高校法律诊所虽有高度自治性，但因其日常事务性工作的需要、资金支持以及为管理之便利，一般设有成型的组织架构。

近年来，各高校诊所教育模式的组织架构各有特点，逐步形成各自不同的模式，如中部地区形成以中南财经政法大学法律援助中心为代表的“中南模式”，西部地区形成以西南政法大学法律诊所为代表的“西南模式”，其具体称谓（如法律诊所、法律援助中心）、组织管理等亦有所区别。为保证今后在各高校推广之普遍适用性，高校的法律诊所应由以下条件组织建立：

(1)诊所挂靠制度

法律诊所承担对外法律援助工作及诸多实践性教学任务,挂靠在学校二级单位之下有其必要性。以中国人民大学法律诊所为例,其法律诊所挂靠在学校法学院之下,由学院组织配合其日常的事务性工作。以西南政法大学为例,其法律诊所挂靠在学校校团委之下,由学校校团委组织工作。作为培养应用型法律人才的重要阵地,法律诊所若只作为学生组织或大型学生社团实行学生自治,难以更大范围发挥其功能作用,建议与学校二级单位形成挂靠联系,更能使诊所教育模式的特点得到充分发挥。

第一,教学资源共享。实践性教学基地不可缺少专业理论知识的指导,诊所教育模式必然需要法学专业的指导老师,其中一大部分优质的教师资源就可以直接从学校二级单位中获取;法律诊所通过法律援助所获得的真实案例,亦可提供作为实践课堂案例资源。如此一来,便可相辅相成,持续有效地运转。

第二,为学生提供真实的实践平台。法律诊所作为实践性教学基地,通过由接待当事人,到办案、结案等一系列的案件步骤,为法科生接触实践中最真实的案例提供最直接也是最便利的实践平台。

第三,诊所经费的稳固支持。一个组织的正常运作没有经费的合理支持是绝对行不通的。由于法律诊所兼具公益性法律援助之性质,故不能向当事人收取任何费用,更无营利性可言。而挂靠于学校二级单位之下,获得学校的认可和支持,诊所的日常运作和相关活动的举办便能免去后顾之忧。

(2)诊所指导老师制度

实践出真知。只有在科学的理论指导下才能出"真知"。否则,只是一味地走实践路线,只研究实践案例,容易变成无智力含量的机械性劳作。因此,作为高校实践教学基地是应用型法律人才培养模式的重点的法律诊所应建立必要的指导老师制度,通过指导老师的科学理论指导,一方面确保法律诊所进行法律援助案件操作的正确性,并提供理论支持及保障,提高法律援助的质量;另一方面切实地指导法律诊所的实践性教学工作,为诊所实践教学提供理论指导。

特别地,高校法律诊所建立指导老师制度时应注意以下三点。

第一,保障师资。作为实践性教学基地日常工作的理论支持和保障,法律诊所的指导老师至关重要。首先,应当由诊所主管单位聘请法学院教师担任诊所的指导老师,或者参考诊所的需要和教师的意愿由学校直接指派;其次,热衷于公益及法律援助事业的教师应优先考虑。法律诊所承担法律援助工作,而法律援助事业会花费很多时间精力,非常繁杂且几无经济性利益,再加之诊所经费有限,可能无法支付指导老师合理报酬或者只能支付形式上的报酬。因此,聘请热衷公益的教师担任诊所指导老师对诊所日常活动及工作开展更加有利。最后,为扩大诊所法律援助之影响力,可适当邀请社会或者学界知名的公益人士担任法律诊所的名誉主任。

第二,师资多元化。除高校法学院的教师之外,作为实践性教学基地,法律诊所还应当聘请高校外司法实务界的专业人士,如知名律师、检察官、法官等,作为诊所指导老师。将司法实践与学科理论知识结合的同时,把真正的实践和法律实务带入诊所课堂,丰富师资的同时,丰富诊所课堂教学。这样才能真正地创新法学理论教育,为应用型法律人才的培养注入动力。

第三,师资的区别分工。法律诊所的指导老师如只从大诊所层面指导工作实际上容易导致"泛泛而谈"。因此,为充分发挥指导老师的作用和更有效率地进行诊所课堂的指导,诊所指导老师应具体指导该专业法律诊所或诊所内该专业组的工作。如劳动法教师应具体指导劳动法律诊所的工作,合同法教师应具体指导合同法律诊所的工作。而律师、检察官、法官等,考虑到其个人工作原因,可以每周或每月定期开设讲堂的形式进行诊所工作指导。如检察官开设"证据法学实务讲堂",法官开设"审判学实务讲堂",律师开设"庭审技巧实务讲堂"等。通过具体的分工,更有效率也更充分地发挥诊所指导老师的作用。

(3)诊所委员会负责制

由于法律诊所一般承担法律援助工作及诊所课堂等实践性教学任务,在法律诊所中一般实行委员会负责制。诊所设立委员会,通过学生民主选举由高年级学生担任,负责与学校二级单位及诊所指导老师沟通,包括制定培训计划、规划学期工作、开展法律援助、设立诊所课堂、举办实务讲座等诊所日常活动及运作。

诊所下设各专业组,各专业组组长向委员会负责,委员会向诊所主任及诊所指导老师负责,如此层层负责,高效率运作。以西南政法大学法律诊所为例,该所设立六人制委员会,由一名所长及五名副所长组成,负责诊所日常运作及学期工作规划。

(4)诊所专业组制

作为诊所教育模式的重点,法律诊所按部门法划分设立专业型法律诊所或者在所内设立专业组,负责诊所日常培训及实务性教学。以中南财经政法大学为例,其法律援助中心设立劳动法法律诊所、证据法法律诊所、经济法律诊所等。笔者认为,为日常管理之便利,采用在统一法律诊所之内设立专业组的形式更加合理。如西南政法大学法律诊所,在统一的法律诊所框架之内,按部门法设立合同公益组、劳动行政组、民事综合组等专业分组。如此设立,一方面便于诊所课堂的开展和诊所课堂教学多元化,且匹配专业指导老师的分工,更有效率。另一方面,以此方法设立专业组分工可高效完成法律援助工作,并产生不同的实务效应。如同一个合同纠纷案例,带到民事诉讼诊所课堂可能会得出更丰富的答案。

2.招员制度

法律诊所招员制度指在高校范围内对在校本科生采取有条件的选拔制度,通过合理考核进入法律诊所学习,成为法律诊所成员。高校性质的不同对诊所教育模式的开展稍有影响,特别是在综合性大学设立法律诊所与在专门性政法大学设立法律诊所稍有不同。这里所讲的"高校范围内",尤指法科生众多的专门性政法大学。

学生人数直接导致开展诊所教育模式的不同。综合性大学法学院可直接为该学院法科生设立法律诊所，开设诊所课堂，法律诊所开展便利；而专门性政法大学，由于法科生人数众多，全部加入法律诊所实施困难，管理上亦非常不便。故只能有条件地招收选拔部分法科生进入法律诊所，然后再利用法律诊所的教学、案例等资源在全校范围内开设诊所课堂，举办实务型讲座，覆盖全校法科生，同时最大限度地将法律诊所的实践性教学资源在全校范围内共享。只有法科生众多的政法类院校采用此方法，综合性大学可直接在法学院中设立法律诊所开展诊所教育。

(1)招员对象

法律诊所的招收对象为法学院二年级学生。一方面，绝大部分法学院学生在升入二年级之前均已学习或正在学习民法、民事诉讼法等法学基础性课程，以此基础进入法律诊所进行学习对他们来说更能理论结合实际地进行运用。另一方面，在法学二年级进入法律诊所进行为期近两年的学习，在法学三年级第一学期期末时退出，正好是每年的五月份，避免对国家司法考试复习产生影响。因此，法学院二年级学生为最合适的招员对象。

政法类院校与一般综合性大学的法律诊所主要采用以下方式招收学员。第一，一般招收，也称为普遍招收。针对综合性大学法学院学生，考虑到综合性大学法学院的实际情况，特别是其人数问题，采用普遍招收制度，即直接在综合性大学法学院中开设法律诊所。第二，特别招收，即选拔式招收。此方式主要针对以“传统五院”为典型代表的专门性政法院校。考虑到此类高校法学院的实际情况，法学院学生人数众多，采取普遍招收方式不符合具体实际，故采取选拔式招收的方式进行招员。对法学二年级学生采取“面试+笔试”或“面试+笔试+面试”的考核方式进行招员。

(2)招员方法

法律诊所的一般成员适用任期制度，以此分为“第几期成员”“第几期学员”，各高校根据自身情况或者各自诊所章程有不同的招员方法，根据有无“预备役”后备队伍有以下两种选拔方式：

第一，有“预备役”队伍的。预备役队伍与法学专业二年级学生享有同等之选拔资格，预备役队伍在选拔中享有“优先录取权”。以华东政法大学法律诊所为例，该法律诊所在法学专业一年级学生中选拔预备役队伍。一方面作为该法律诊所的后续储备力量；另一方面诊所日常事务性工作由法学一年级学生负责，并充当该法律诊所成员的助理。如律所一般，成员为“律师”，预备役队伍为其“律师助理”，如此一来，即能为该法律诊所长久有序发展积蓄力量，又能让该法律诊所成员将更多精力投入到案件操作与法律实务中。

第二，无“预备役”队伍的。一般采取“面试+笔试”或者“面试+笔试+面试”的方式进行选拔。以西南政法大学法律诊所为例，该法律诊所招收成员，采用“面试+笔试+面试”的方法，具体为：

第一轮：高压式面试。由法律诊所往期成员和指导老师组成10人的面试团，对面试者进行“计时高压面试”。主要考察面试者的应变能力、基本的法学功底、个人能力展现等。

第二轮：法学专业能力笔试。通过第一轮面试者参加笔试，题型接近历年司法考试真题类型，主要考察笔试者的法学专业能力。

第三轮：无领导小组讨论。通过笔试者进入第三轮面试，每组8人进行无领导小组讨论，后由面试官针对该面试者在组内的表现发问，并根据面试者的表现打分，择优录取。

通过三轮考核选拔为法律诊所学员，再进行期中、期末两轮考核，考核通过的学员成为法律诊所正式成员。

（3）关于“预备役”队伍

所谓的“预备役”队伍，指部分高校法律诊所为本所的后续长久发展招收选拔法学专业一年级生。以中南财经政法大学法律援助中心为例，该中心的选拔模式为，招收该校一、二年级生为预备役队伍，在预备役队伍中定期开展“读书会”，以“读书会”制度对预备役队伍进行管理。以华东政法大学法律诊所为例，该所招收法学专业一年级学生作为法律诊所成员的助理，负责日常事务性工作的处理。

笔者认为，关于“预备役”队伍的选拔或者是否采用此制度，各高校可根据各自不同的具体情况决定是否适用,但需考虑清楚以下问题:第一,“预备役”队伍的专业知识储备问题。大部分高校法律诊所招收的“预备役”队伍均为一年级学生,该队伍组成多为刚步入大学的新生,专业基础薄弱,可发挥的作用极其有限。第二,日常管理问题。“预备役”队伍是否应与法律诊所正式成员区别管理,二者共同管理是否容易造成混乱。第三,效率问题。由于上述所言,“预备役”队伍所能发挥的作用极其有限,该队伍的学生投入较多精力在此,但因专业知识的局限性收效甚微,这是一种效率不高的行为,亦不符合设立法律诊所之初衷。

3.诊所课堂制度

诊所课堂,指法律诊所在全校范围内开设诊所实务课程作为学生的选修课,教学内容主要包括庭审辩论技巧、民事法律实务、证据法律实务、法律文书写作等,由诊所指导老师授课,法律诊所成员配合教学,作为诊所教育模式的重要组成部分,是将诊所实务资源在全校范围内共享的一项重要实践教学制度。

在上述的专门性政法大学范围中,没有成为法律诊所正式成员的法科生可以通过选修诊所课程享受诊所教育,系统地接受法律实务训练。诊所法律教育是以传统法律教育模式批判者的姿态出现在历史舞台上的,因此最大限度地弘扬传统法律教育之长而避传统法律教育之短,突破传统教育理念和模式的束缚,探索出一条适应现代法治国家需求的法律人才培养之路。如此开设诊所课堂,才能最大限度地做到教学实践资源的共享与法律人才培养模式的创新。

4.诊所培训制度

诊所培训,指诊所指导老师给诊所成员所做专题培训和法律诊所成员每周固定时间内以专业组形式开展的自我培训。诊所培训与诊所课程组成诊所教育模式中的理论教育部分,是开展诊所教育的另一重要组成部分。

(1)自我培训

相较于诊所课堂由诊所指导老师进行理论教学,诊所培训更强调学生自主学习，即“自我培训”或小组式“头脑风暴”。其中，诊所的自我培训需要注意以下三点：

第一，开展次数与时间。诊所自我培训是诊所成员加强自我理论知识积累的平台，为避免与正常教学任务冲突，应安排在课余时间。自我培训的开展每周一次，每次两个小时为适。

第二，开展的形式。诊所自我培训有“苏格拉底式教学法”的重要特色，更强调学生之间的“头脑风暴”，通过自主学习、自我培训、自我修正的方式开展培训。

第三，培训内容准确性的保障。每学期的诊所培训计划应由诊所委员会与诊所指导老师根据实际情况制订，安排每一个诊所成员准备专题主讲任务。培训稿内容应当提前一周交给专业组组长及专业组负责的指导老师负责审核，以保证每次专题培训的准确性。

(2)实务讲堂

诊所培训的另一组成部分为诊所的实务讲堂，指邀请拥有丰富经验的检察官、法官、律师或有具体实务经验的诊所指导老师定期开展的专题讲座。开设实务讲堂需要注意以下两点：

第一，实务讲堂以“专题式”开展。为使讲座内容更有针对性，实务讲堂应以专题形式开展，如检察官开展“证据法律实务”专题讲座，律师开展“庭审技巧实务”专题讲座，讲授更实用的法律文书写作注意事项、会见当事人技巧、法律检索方法等。

第二，实务讲堂需提前沟通制订并定期开展。众所周知，高校的学术讲座经常以主讲人制订专题为主，系列专题讲座较少，难以形成延续性。为解决这一问题，法律诊所必须每学期之前便制订本学期的实务讲座计划，并与主讲人提前沟通以确保定期开展，保持法学实践教育的持续性。

(3)模拟法庭

作为诊所培训的特别组成部分，实际上，每一名法科生都应进行模拟法庭训练。法律诊所的每一名成员必须接受模拟法庭训练，通过“角色扮演”方式了解真实案件的操作程序。没有进入法律诊所进行学习的法科生应当在“诊所课堂”中接受模拟法庭训练,方法方式同所内模拟法庭训练。

5.案件操作制度

作为实践性教学基地的重要平台,法律诊所的案源主要由法律援助案例和诊所指导老师提供。一方面,通过对外开展法律援助获取实际案例展开操作;另一方面,通过有实务经验的诊所指导老师,如法官、律师等提供。二者的案件来源各有利弊,法律援助案件来源可锻炼诊所成员会见当事人、接案、办案等诸多能力,部分案件更能通过社会团体推荐的方式取得代理资格,获得宝贵的出庭代理机会,接触的是一个案件的完整过程,但其经典性和代表性难以保证。由诊所指导老师所提供的案例,必是经过一定筛选的,有一定的代表性,相反地,也就失去了操作这一案件的宝贵机会。因此,由此二者结合,组成诊所案例的来源,相辅相成。

(1)接案制度

此处的接案指法律诊所对外开展义务法律咨询时,诊所成员对可操作的案件采取的接收制度,通过填写“案件登记表”,上报诊所委员会,由接案人员和委员会了解基本案情之后决定是否接收此案件并进行下一步的操作。

(2)办案制度

办案制度,指决定接案之后,由委员会指定该专业组中的两名成员组成办案团队进行案件讨论、操作及会见当事人等基本的案件操作工作。由办案团队书写法律意见书对此案例进行分析,该专业组负责业务操作的组长参考办案团队意见之后,决定此案件直接回复或者不予回复并上报委员会。对于可操作的案件,如当事人有开庭代理之需求,办案团队及业务组长均同意的,办案团队应提前一周写好该案件的法律意见书,在此意见书中写明该案件的基本操作思路、诉讼风险等,上报委员会审核,委员会审核通过的上报诊所指导老师,由诊所指导老师审核并决定该案件是否要支持出庭代理。

(3)结案制度

对于所有决定接受的案件均应由办案团队做好案件归档工作,作为此案的完结。对于出庭代理的案件,办案团队需书写书面开庭经验以进行分享。对于归档的案件应挑选适量有代表性的案例进行特别归档,作为诊所案例教学的直接素材和诊所进行模拟法庭培训的素材。

6.例会及值班制度

(1)例会制度

法律诊所成员定期开展例会,每周一次,小结本周工作。需要注意的是,法律诊所的例会不同于一般组织的例会。法律诊所的例会强调的是诊所成员的培训和分享。

第一,培训环节。法律诊所的例会培训注重训练诊所成员面对公众的自我表达能力,每次三人,上台进行三分钟口头主题演讲,方式多变,内容可自定。

第二,分享环节。每周由一到两名成员进行“干货分享”“法之理在法外”,笔者认为,法科生除了“术业有专攻”,掌握法学专业知识之外,适当地接触一些其他方面或其他学科领域的知识是有利无害的。当然,分享可稍微侧重于法律实务的分享,如法律检索技巧等,如此全方面、多领域地开展工作,更符合应用型法律人才培养的要求。

(2)值班制度

法律诊所应有固定的办公地点,作为诊所成员日常培训、操作案件、会见当事人的地点,并由诊所成员在课余时间轮流值班,接待有法律咨询需要的当事人。

7.考核制度

法律诊所对每一个成员均应该进行考核,违反诊所章程的应由委员会和法律诊所主任决定淘汰。诊所考核制度主要有两方面:第一,经过法律诊所招员三轮测试通过者成为法律诊所学员,学员在诊所期间,由诊所专业组组长和委员会进行每学期两次的考核,综合考核不符合规定的,予以淘汰。第二,诊所成员有违反诊所章程之行为的,同样予以淘汰。

(二)法律诊所的意义和作用

如哈佛法学院在教育指导手册上指出的那般,法律诊所的教学目的在于传授和培训法学院学生有关法律实践的基本技能,增进学生对于"实践出真知"这一学习方法的理解;通过提供学生代理当事人的机会,提高学生的道德水准和责任心。诊所教育模式的贡献在于对传统法学教育的突破,并探索培养适应法治中国环境下的应用型法律人才模式之路。其实践意义在于以下几方面:

第一,最大限度地将诊所法律教育覆盖全校法科生,教学资源与实践资源共享,从而最大限度地发挥法律诊所的作用。

第二,理论联系实际,培养学生法律实务能力。通过诊所课堂上系统性的实务技巧训练,培养学生法律实务能力,如法律文书书写能力、庭审辩论技巧经验等。

第三,培养学生批判性思维。传统的法学教育经常出现单纯地向学生讲述各方学说、法律条文运用的情况。在法律实务中,机械性地运用法律条文常出现地错误。诊所课堂要求学生切实地从实务问题出发,根据实际情况和案件操作之需要准确地适用法律条文,从根本上减少法律条文适用的错误。

第四,培养学生解决实际问题的能力。"法律实务的思维在于解决问题的思维",传统法学教育的弊端在于理论与实际容易脱节,通过诊所课堂的教育,让学生接触最真实的案例,为学生提供最真实的实务环境和操作平台,训练学生解决问题的能力,培养其实务思维。如此一来,理论与实践接轨,传统法学理论教育与法律实务相结合,才能系统地培养出法治中国所需要的应用型人才。

第五,培养学生胸怀天下的情怀。作为法治中国环境下的高校大学生,代表的是国家和民族的未来。通过诊所教育模式,让学生身临其境地去关注社会问题,真正地做到"以己所学,服务社会"。

二、应用法学的开展

法治中国大环境下应用型法律人才培养的重点阵地和平台均在

高校，而高校应用型法律职业人才培养和法学实践教育的探索和创新又将具体到诊所教育模式的推广及高校应用法学学科的发展。高校培养人才的方式目标应当进行适当的创新和改变，“根据就业定位调整人才培养目标、探索优化法律职业人才培养的课程体系、创新法律职业人才培养模式”。总而言之，针对法治中国所需要的应用型法律人才和高校人才培养目标和模式的转变，最直接的方法便是在高校推进应用法学学科的发展和应用法学课堂的设立。

（一）应用法学学科的设立

随着法律人才培养模式的创新和转变，传统学科已不能满足人才培养模式的需要。应用型法律人才、实务型人才当然也需要诸多实务型课程的学习和系统的实务训练，在高校法学教育中设立应用法学学科能够适应当下培养应用型法律人才的需要并丰富法学学科的教育。

（二）法律职业人才培养课程体系的建立

在应用法学学科设立的基础上，及时建立培养法律职业人才的课程体系尤为重要。

1. 实务型课程的设立

与应用法学学科和法律职业人才培养课程体系建立相对应的便是设立实务型课程。具体为在法学一年级、二年级法学理论知识学习之后，在法学三年级设立必修实务型课程，如民事法律实务、企业法律实务、房地产法律实务等实务型课程，实行“2+1 模式”，在学生有一定法学理论知识的基础之上，通过完整的课程学习，系统地培养学生法律实务能力。

2. 实务讲堂与模拟法庭的开展

在学习实务型课程的同时，如诊所教育模式，一般邀请知名的检察官、法官、律师开展实务讲堂，系统开展实务教育。每一名在校学习的法科生均应参加模拟庭审，通过角色扮演，切实地体会法律实践，学习法律实务能力。

3. 学习法律英语

高校法学教育应具有国际化视野，既培养适应法治中国环境要求的应用型法律人才，也培养能适应国际化潮流趋势的法律人才。法科生应当学习法律英语，通过阶梯式法律英语教育提升法律英语应用能力，适应国际市场的人才需求。

4. 法学实验教学试点的开展

高校的法学教育要有针对性地培养应用型法律人才，可在法学专业中以“班”为单位开展试点教育。如设立法学实务教学班、涉外教学班等，以法学实验教学试点的方式更有效率地探索高校法学教育并进行创新。

第二章 法学教育基本方法与框架

第一节 法学教育中的法教义学方法

一、改革开放以来的中国法学教育

经过法律人几近多年的努力发展、不断进步,我国的法学教育在师资力量配置、教学内容传授、教学方式的丰富度等方面都取得了很大程度的进步。随着我国高校扩招政策的推行,使得我国法学教育进入了快速发展的一个时期,导致各高校法学生数量和规模的急剧增长。因此,我们在取得令人瞩目成就的同时也应看到法学教育出现的一些新问题,这些问题应该引起我们的思考和正确面对。

(一)中国法学教育发展的简单梳理

我国法学教育的培养目标和培养模式正在发生转变,从通识教育转向职业化、专门化教育,我国正逐步探索出符合中国国情、具有中国特色的法学教育模式。

综合黄进、徐显明、潘剑锋等多位学者的观点,可以得出,自改革开放以来,我国的法学教育被分为三个阶段:全面恢复期、快速发展期和成熟发展期。第一阶段:全面恢复期,从1978~1992年。在此期间,我国恢复、重建了80多所法学院。这80多所法学院校依然是中国法学教育的核心区,奠定了中国法学教育的基础。第二个阶段:快速发展期,1992~2012。开设法学专业的院校,在数量和规模上都有所增加,相应的招生数量也在增加。教学方式和教学内容也得到了很好的改善。第三个阶段,成熟发展期,2012年至现在。这个阶段的法学教育进入相对平稳的阶段,办学规模得到了控制,现在法学院追求的目标已经向高质量法治人才的培养目标上转变。

中国法学教育在这四十多年间的发展、完善过程中，已经发生几大转变：首先，体现在从数量多到质量高的转变。在法学教育发展初期及中期，更加侧重法学院及法学生在数量上的增加。现如今已有所调整，已经从数量发展阶段转向了质量发展阶段。其次，法学教育指挥棒的转变。从大学教育、通识教育转向专门化、精英化、职业化教育。现在的法学教育更加符合现实国情，更加会以中国法治发展的实际需要为根据来调整院校的培养目标，积极响应科教兴国，为现代化法学建设人才作支撑。我们正从学术型教育转向专门化、职业化的法学教育。最后，从改革开放初期的一味模仿西方法学教育转向了本土化、更加符合我国国情的法学教育，中国风格和中国特色的法学教育模式正逐渐得到发展和完善。

（二）当今中国法学教育中存在的问题

1.法学理论与法治实践存在脱节

通过简单梳理，显而易见的是我国的法学教育已获得了长足的发展和完善。与此同时，我国的法治实践无疑也取得了很大的成就。习近平总书记曾强调，法学这一学科是一门实用性和实践性都很强的学科，法学教育必须要处理好法律理论知识传授和法律实践活动的关系。但在现实中，法学的实践品格并没有我们期望的明显被体现出来。相反，在现实中呈现给大家的往往是一个法学理论知识与实法治践彼此背离的尴尬局面。

关于我国法学教育的教学模式，大多数学者达成了一致观点：我国的法学教育必须坚持理论知识的传授与法律实践运用相结合的教学模式，只空谈理论不关注法律实践运用的教学方法必然不能培养出高素质、高水平的法律专业人才。众所周知，在英国、美国高校的法学院学生学习毕业后，如果要从事法律职业还需要继续进行为期一年的法律培训课程，接着还要完成1年至2年的实践实习，方可取得法律从业资格，成为一名正式的法律工作者。

法学理论知识与法律实践运用之间相脱节，不仅表现在课堂教学的内容与司法实践的背离，也体现在法律条文规定的抽象性和法律实践的具体性之间的矛盾上。①要确立司法实践导向的法学教育，一个重要的方面就是法学教育要明确司法判决依据是如何确定的。在法学上就是法的确定性问题，在大陆法系也叫法的安定性问题。这个问题反映了法律条文规定的抽象性和法律实践的具体性之间的矛盾。如何解决这个问题，就需要通过法教义学来克服。法教义学可以实现法学理论知识与法律实践两者之间的同一性和互动性。

针对法学理论知识教学与法律实践运用脱节的问题，笔者认为应在相关部门的共同努力下，指导高校法学院师生与法律实践相关部门的工作人员的沟通、交流，并努力使之成为常态化，通过这种方式增强法学院师生的法律实践运用经验。同时高校法学院教师应不断完善教学体系，尤其是加强案例教学在课堂中的应用，切实提高法律实践教学的效果。由此，法教义学能解决我国法学教育中法学理论知识与现实生活中的具体实践相分离的问题，把法教义学应用到具体的教学实践中，形成一种更加系统化、互动性更强的法学教学方式。

2. 对于学生法律思维培养的不足

法律思维是以法律条文为依据，按照法律逻辑来思考、分析和解决具体的法律实践问题的一种思维方式。法律思维既是法律人必备的职业素养，也是维系整个法律职业共同体的意识要素。但在我国法学教育过程中，往往忽视对学生法律思维的培养。

现阶段，我国法学院对于法学专业学生在法律思维培养方面的不足表现在：在实际教学中，大都是阐述某个单一法条为主，仍然停留在知识灌输阶段，并未进行系统的教学，也未形成培养学生法律思维的教育理念。在法学教育中，对于法律知识的讲授是最基本的，但这并不能成为老师授课的全部内容。笔者认为法学教育不仅仅是法条的教育，更多的应该是法律思维的教育、法律理念的教育。法条是时常在更新的，但法理更多的是稳定的。而对法理的把控需要长时间地积累和实践，更需要一种体系化的思维方法。

①李可，唐乾．法律学说司法运用的风险及控制[J]．上海政法学院学报（法治论丛），2022，37(05)：147-160.

"灌输式"的教学方法遭受诸多非议。在课堂上，大学老师经常唱"独角戏"，学生则是单纯听加记忆老师讲授的内容。不否认多数老师对自身领域的法条有着精辟的见解与分析，但在这种教育方式下，容易造成的局面就是大多学生对理论知识的认知仅停留在基本的概念、规则表面，对讲解内容一知半解，缺乏深入地理解与感知。

目前，校外实习远无法达到补充法律人的职业理性、进行思维训练之目的。实习期间，实习生的工作内容往往只是简单的码码裁判文书，跑跑章子，实习的内容普遍是缺乏专业指导性的，几乎接触不到核心法律实务工作。

3.法学教育职业化和专门化程度不高

提倡法学教育是专门化、职业化的教育，并不等于不要开展通识教育，仍然要通过全面的教育来培养学生的家国情怀、社会责任感等。所倡导的法学教育职业化和专门化不是否定和颠覆当前的法学教育，而只是在现有法学教育基础上进行的一种修正、调整和改良，进而更加适应法治社会、法治中国的建设。职业化的法学教育仍然是要进行一定程度的通识教育和素质教育，进行传播通识性法律知识的大学教育。职业化、专门化的法学教育肯定会存在一定实现程度上和发展阶段上的差异。专业化和职业化都是其发展到一定程度不可缺少的环节。职业化、专门化的法学教育是一个开放的、持续的和不断向前推进的进程。职业化和专门化的法学教育从来没有，也不会排斥一切形式的改良和创新，尤其是把法教义学方法应用到法学教育中来。

对于任何一门学问的研究，都离不开方法的指引。作为一种法学方法论，法教义学必定是属于一种法律思维方式的。法学教育在教学中对方法问题则更为关注。我国在法学教育过程中，对于学生实践能力的增强还有很大程度的不足，而法教义学正是以法学方法为核心范畴的一种方法论范式，其在法学教育的专门化、职业化改革进程和应用型法治人才培养中具有独特的优势。

我国目前的法学教育在"运用一定的法律方法来解决理论知识和法律实践之间的矛盾"方面存在较大程度的不足，所以我们可以把法教义学应用法学教育教学过程中，法教义学为法学教育的职业化和专门化提供了新的视角，法教义学可以逐步增强法律人查阅法律法规法条信息的能力及分析案件事实的能力等，并为法律人提供一种富有体系化、稳定化的法律思维模式，以此作为我国法学教育的专门化、职业化改革的理论依托，推动我国法学教育的长足进步与发展。

法学教育的根本目标是培养兼具扎实的法学理论知识与一定的法律实践能力的法律人，而法律人才培养的目标则是法律规范性思维能力和法律方法论的培养。法治人才的培养目标与法教义学的内涵及其功能，特别是它的实践品格不谋而合，为法律人提供了一种富有普适性、体系化、稳定性、规范性的思维方法。由此，法教义学能解决我国法学教育专业化和职业化过程中遇到的瓶颈问题，把此方法运用到我们具体的教学实践活动中，进而形成一种更加系统化、互动性更强的法学教学方式。

实际上，由于法教义学通过解释原则的研究和体系化的工作，给法律人提供了一种发现问题、分析问题、解决问题的有力工具，同时也带给大家一个看待法律问题、分析问题、最终解决问题的全新视角，减轻了法律人分析案件事实和解决法律问题的压力，维护了法律规范本身和解决具体问题方法的系统性和稳定性，影响法律人分析问题、解决问题的方式和道路。

法律实践操作本质上是一个内外结合、不断向前推进的过程，主要是因为任何法律思维都无法避免主观性的价值判断。当我们将具有自己一定主观性的价值判断纳入法教义学给定的体系化、稳定性的实践中，法律人的纯粹的主观意愿有可能得以限制。在运用法教义学方法思维时处理具体的案件时，也必须做到以一个国家现有的法律规范为前提，然后借助其找到具体案件事实与某一抽象的法律规范的联结点，然后经过一系列说明、解析、分析等工作，进而最终得出裁判结论。

在生活中，法教义学并不仅仅满足或停留在其要告诉人们法律规范及其所对应的法律秩序本身“是什么”，更是在告诉人们“为什么是这样”。法教义学对实现兼具理论知识与法律实践能力的法律人才培养的根本目标具有重要意义，也是实现法学教育的专门化与职业化的关键一环，对法治社会与法治中国的建设更是具有不可比拟的意义。

二、法教义学的理论体系梳理

(一)经典法学方法论与法教义学的关联

尽管我国学者对于法教义学这一概念的使用，已有十余年的时间，但关于“何谓法教义学的内涵?”这一问题仍然是个尚无定论的“悬念”。一直以来，关于法教义学的内涵及意义是一个常议常新的话题。对于这个问题的答案，似乎又可以从法教义学的发展史中找到答案。在广义上，法教义学可与狭义地实定法学、法律学、注释法学、法解释学等概念在同一或近似的含义上使用。翻阅德国学者的诸多学术论文，我们又可以发现，德国学者们虽然使用法教义学这一概念的频率很高，却很少有学者对法教义学这一概念进行定义、说明。这些德国学者们通常都是只在他们文章的开头对它先做一个宽泛的界定，然后再根据法教义学方法的思维模式去分析法律实践中遇到的具体问题。所以，想要研究清楚“何谓法教义学的内涵?”这一问题，几乎不可能说就完全把前人的观点抛开，而独自完成对这一基本问题的解答。所以，回答这个问题之前，才更有必要梳理一下几个经典法学方法论与法教义学的关联。

1. 注释法学与法教义学

注释法学通常又被称“波伦亚学派”，因为它的发源地是意大利波伦亚大学。实际上，对于当今的法教义学的研究可以追溯到对注释法学的产生及研究，而注释法学派是以研究古典罗马法为中心的学派。因此，法学界对研究法教义学的发展史也必须追溯到关于古典罗马法的发掘研究。

注释法学是法学家主要以古典罗马法文本为基础，继而展开的一系列说明、解释、注释、研究，以及后续针对古典罗马法展开的教育与教学活动。根据对注释法学的研究重点和研究方法的不同，又可以把它分为前期注释法和后期注释法。前期注释法，其中约11世纪末至

13世纪以前的注释法被称为前期注释法。从11世纪末开始,西欧各国开始对罗马法的广泛研究,这项研究活动是以意大利为中心。究其原因在于当时罗马法的适用正符合西欧多数国家的现实情况,罗马法不仅有利于当时西欧多数国家的以王权为代表的中央集权制的建立和加强,而且也为当时多个国家的商品生产中所需要的各种法律关系提供了极为详尽的规定。当时盛行的多个国家学者对罗马法的广泛研究,意味着法学正逐渐地在形成一个独立的学科,因为此时期的法学正从神学中慢慢分离出来。前期注释法学家们的立场在于他们主要代表了人数众多的新兴市民等级的利益,他们的立场与代表封建制度的神学或教会法学家立场相对立。一个独立的、世俗的法学家阶层——前期注释法学家阶层就应运而生。

该阶段,学者们对罗马法的研究,研究前期主要集中在对古典罗马法文献的恢复上,所要恢复的古典罗马法主要是查士丁尼时代所编纂的文献,其中,尤为重要的是要还原《学说汇纂》的本来面目。在恢复罗马法的过程中,学者们也对这些罗马法文献进行了大量的说明和文字注释工作,遇到法律文本中前后矛盾的法条直接纠正,使得古典罗马法文献前后一致。经过一段时间的发展,对文献的说明和文字注释工作,逐渐发展、完善为较详尽的注释,其中法学家们做出的努力有:标注对此条文的说明及解释、为供适用法律规则参考的有关案例、给出自己的结论及自己得出此结论所需要的多个论据等。

后期注释法通常又称“评论法学”,其中发端于13世纪后半叶,发展至15世纪后半叶,在此期间的注释法被称为后期注释法。后期注释法学与前期注释法学相比,其进步之处在于更加重视面向社会实际情况。后期注释法学家的工作主要是对罗马法进行进一步的注释、评论,目的不单单在于对罗马法的简单注释与评论,更加注重使之应用于现实生活中。后期注释法学家更是致力于使罗马法与当时自己国家的法律或教会的原理相结合和相互同化,把罗马法改造为适合自己国家的法律,以便为实际的社会生活服务。在实际生活中,更是注重罗马法和实际生活的结合。后期注释法学经过一段时间的发展,学者们对罗马法的研究继而从注释慢慢转变为提出法律的原则和根据，从而建立起一套良好的关于法律的分析结构，最终促进了判例法的发展。罗马法经过后期注释法学家的一系列加工、修改，已经得以适应当时自己国家的社会发展速度的需要，得以适合封建社会的条件，并开始投身于当时政府和法院的法律实践活动，使得改良后的罗马法可以更好地为实际生活、实际社会秩序服务。所以，注释法学的发展对西欧法学的兴起和发展起到了极大的推动作用。注释法学的发展进程更为直接的影响是推动了罗马法复兴运动的开展，但最终注释法学研究的前提，是存在作为注释对象的法条文本。

注释法学对法学和法教义学的发展起到了极大的推动作用。首先，注释法学的产生、发展及其完善都使得法学成为一门独立的科学。再者，特别是其中保存完好的罗马法文本在注释法学家的努力下，逐渐发展成为此时期法学教育的权威文本，从而促进了中世纪西欧很多国家的法学教育的体系化发展，推动了多个国家的法学教育和法律职业的兴起。罗马法文本内容与哲学方法又是中世纪的法学院及民间的学术组织对法律学生进行法律教育的最为重要的基础与工具。因此，在这个意义上来说，中世纪多数西欧国家的注释法学是由文献、方法与教育三位一体所构成的，三者彼此之间密切联系、相互促进、不可分割。所以，正因为法教义学与注释法学等各经典法学理论有着悠久的历史渊源、密切联系，才有我们今天看到的保有活力或者韧性的法教义学。

2. 历史法学与法教义学

法教义学在接下来几百年的西方法学史研究上，大都是与德国的历史法学密不可分的。来到了十八世纪的时候，在对古罗马法的研究过程中，一些学者创新了方法，比如运用历史学的方法来研究法学的历史法学派。历史法学派就是运用历史学的方法来研究法学，为人们更好地认识法的本质提供了新的方法和新的视角。

历史法学，通常是指以历史的观点和历史的方法为出发点，结合法史学来研究法律现象的一种法学方法论。法教义学发展之初，曾经以历史法学、概念法学的面目示人。萨维尼站在历史法学派的视角，试图建构起能解决实证法的变幻不定以及权力依赖问题的法教义学。普赫塔在萨维尼体系概念的基础上进行了一种彻底的形式化建构，即将法条之间的有机关联转化为概念的逻辑关联。

众所周知，萨维尼推动建立了法学史意义上的历史法学。但历史法学的真正创始人并不是萨维尼，而是萨维尼的老师胡果，胡果的思想更是对萨维尼产生了最为直接的影响，萨维尼也是站在胡果的肩膀上发展、完善了历史法学。胡果是第一个将历史主义批判引入法学领域的，除此之外，胡果还提出、总结了历史法学的基本法学思想。胡果最突出的成就在于，他使历史法学成为此时期研究法学的三大基本研究方法之一。因为，胡果明确提出历史法学是与哲学法学和法教义学并列的研究方法。当今的法学理论体系，整体包含了十分客观的历史学部分、独立于实践的哲学部分以及实践可操作的教义学部分这三大部分，可以说很大程度受到了胡果历史法学思想的直接影响。

历史法学的根本思想在胡果和萨维尼思想的影响下演变为一个国家的任何制度与法律都是人们对意识世界的上层建筑。其中，对于历史法学来说，对法律的形成起到决定性作用的是体现着民族文化观念和世俗理性等。“民族精神”至关重要的是，一个国家的任何制度与法律的正当性、合理性都是历史的、都是具体的。所以，法学历史并非都是朝着人们预定的目标沿着某条直线顺延下去，可以把历史法学的思想核心简要归纳为如下两个方面：①历史法学包含法律是有机体。②历史法学也隐含了法律是社会生活。实际上，“法律是社会生活”与“法律是有机体”这两者之间是一体两面的关系。两者都是民族精神的强烈体现：某一个国家的法律规范中可以体现出这个国家的民族生活。法律规范是直接来自民族的生活经验的，它是直接来自民族精神和民族意识的产物。历史法学家们，尤其是罗马派法学家们的理论雄心，首先在于构建一种新的法教义学，即形成实在法的一种法教义学，尤其对实在私法的特别强调，而不仅仅只是历史研究本身的法教义学。

历史法学为法学的发展史贡献了很是重要的法学历史意识、历史论证方法。在对法学的研究中，这种将历史学方法分析、运用到法教义学中的思想，把当时的法学方法论研究推到了高峰。历史法学也推动了现代法学的科学化建设，其中的一个重要成果就是体系化。体系化使得法律人在法律实践活动中得到了最大的便利，在解决实际问题时，可以直接拿来就用，无需我们再次论证。但与此同时我们也应该意识到，体系化同样使得法律规定的抽象性和案件的具体性之间存在着较大的隔阂。因此，对于这个问题的解决便产生了现代意义的法教义学，它是完全可以满足我国职业化、专门化法学教育的改革、完善的需要，除此之外，它也是司法实践活动需要的一个重大成果。

3. 概念法学与法教义学

对于法教义学理论体系的研究，其中必然绕不开的一个环节就是对于概念法学的理解。时至今日，不可否认的是，大多数国家法律制度的进一步发展与完善，都是站在概念法学的“肩膀”之上的。在十九世纪的时候，概念法学成为德国法学的主流学说、通说。此时，教义学观念也在法学领域得到了快速发展。概念法学源于“潘德克顿法学”，它是由历史法学演变而来的。

耶林在《法学的概念天国》著作中，以对其梦境的诙谐描述，从多个角度对概念法学展开了淋漓尽致地讨论、剖析和批判。耶林所描绘的概念天国里是完全黑暗的，那是一个与现实世界毫无关联的领域。所要反对、批判的仅仅是“概念的天国”，但他并不反对概念本身，也不反对概念分析。因为概念分析本身仅仅是一种认识法律进而认识人们所处社会的工具，既然是一种工具，则是价值中立的。

概念法学因为很注重法的安定性价值，因此，在司法裁判活动中，会一定程度限定法官的职责，限定于法律规范的适用，从而否定了法官具有补充法律漏洞、“法官造法”的权能。而法教义学虽然同样也在追求法的安定性价值，在司法实践活动中，法教义学并不是一味只追求法的安定性价值，还会追求正当性、公正性等价值。法教义学在面对解决法律漏洞问题时，主张就现行法探求立法者所想要达到的价值目标,并尽可能地在不损害法的安定性的前提下,寻求某种司法裁判的公正性与合理性,以这种方式来进行法律漏洞补充活动。

我们不得不承认,概念法学为法教义学的不断发展与完善贡献出了法学方法论基础。在概念法学的接受基础上,现代意义上的法教义学拥有了一片肥沃的生存和持续向前发展的土壤。受概念法学的影响,此时的法教义学的活动主要包括客观地认识法律概念、演绎逻辑推理等。从19世纪开始,越来越多的学者开始认同这样的观点:法学家的使命主要就是对法律的概念进行一种逻辑演绎并要推理分析,根据分析的结果,之后建构起一套较完整、系统化的法律体系,终极目标就是将通过演绎、推理、分析后得出的法律规范体系运用于具体的司法裁判实践活动中去。司法实践活动和法学家的逻辑分析活动如此往复,便形成了构成德国法教义学的传统。在以后的几个世纪,这一研究传统未发生重大改变。

(二)法教义学的当代转变

正如上面几个段落中所描述的那样,一些法学家在自然科学思维的影响下,开始思考能否采用一种客观中立的态度对待法学。由此,法学家们对于法学研究的观念发生转变。越来越多的法学家们发现,对于法学的研究也可以持对待自然科学那样的态度,以一种客观中立的态度来研究所处社会中的法律规律、法律现象。之前传统的法教义学家容易误把法律秩序当作一种封闭的法律系统,狭隘地认为一个国家的法律秩序已经穷尽了全部的社会现象和社会问题,生活中没有法律不能解决的问题,他们也把法律条文当作司法裁判的唯一依据且不加任何的价值判断,可以为所有现实生活中所遇到的问题提供较确切的答案。而今天的法教义学如果要符合目前的社会实际情况,必须打破传统法教义学的封闭体系。如今的法教义学不再像过去那样封闭、保守、狭隘,它已经开始其含有价值导向性思考的进展。法教义学已具有反思与批评的功能。

通过上述几个段落简要的对其观念史的梳理,可以得出这样一个结论,不同时期、不同社会背景下有着不同的含义,不同学派对此也有着不同的理解。尽管各个时期不同学者对其评价褒贬不一，不可排除的是各位学者对法教义学概念认定的问题上存在一些近似、相同的观点，并不影响进一步对法教义学研究地发展和完善。法教义学是围绕一个国家现行实在秩序法来展开的包含了知识和方法两者相统一的普适性命题，是一门将一个国际的现行实在法秩序的合理性保持最强确信，以此为研究法学的前提，并以此为工作的基础和出发点开展提炼、加工、解释、适用等一系列体系化与解释工作的规范科学。法教义学主旨更在于将法律规范体系化并强调面向司法个案提供可行性、正当性与合理性的建议与答案。

法教义学，是我们在现实生活中解决法律问题时，可以运用的一种更加稳定化、体系化的法律思维方法。它是一种以对一个国家现行的法律规范进行解释、分析及运用的法律方法，更是注重面向法律实践的规范性科学。法教义学的核心内容主要包括对一个国家现行所有法律的查阅、说明、解释与应用，进而为解决现实生活中的法律实践问题提供一种规范性范式。

仔细分析法教义学的基本立场，可以看出法教义学方法与其他方法论不同，即对一国实定法秩序抱有坚定的信仰，并在此框架内对法律规范进行一系列的描述、解释、分析并最终提出解决具体法律实践活动的途径。此处，实定法秩序，是一个国家所有抽象的、复杂的法律条文和司法具体案例所包含的具有约束力的有效规范的总和。在实践中，如果某一个法律条文与一个国家整个的法律规范体系相矛盾，此时，法教义学就必须对这一冲突规范给予批判。

如今法律人把法教义学的功能归结为如下五个方面：第一，减轻负担功能：通过法教义学学者的不懈努力，它为特定某一类的法律问题，提供了可供检验具备说服力且可以被广泛接受的解决方案，大大减轻了法学研究及法院裁判论证上等相关问题的负担成本，这样凡事不用再重新讨论。第二，稳定功能：通过稳定化、体系化的工作，为法律实践提出适合、确切的法律适用意见，以期望形成一种普遍实践原则，为同一类判决提供一些具有相对稳定的解决方法。第三，改进功能:通过法教义学的体系化与解释工作,所提出关于法律解释及法律续造的原则,可以促进对相关司法实践问题进行更为细致深入地研讨,最终解决矛盾冲突,探索新的更为合理的解决方案。第四,技术功能:法教义学帮助一个国家所有的抽象、复杂的法律规范建立起了一整套便于人们使用的概念、推理、论证体系,这样更加有助于法律理论知识的传授。第五,沟通功能:法律实践中的沟通,首先就体现在法学教学过程中,即为法治社会和法治中国建设,培养同时具备扎实的理论知识和一定法律实践能力的法律人;其次,这里的沟通,更应包括立法活动和司法活动之间的融洽沟通,进而使得抽象的法律规范和具体的实践活动之间的矛盾得到解决。

坚持对于法教义学的发展、完善工作是法治社会、法治中国秉持法治权威的重要保障,更是我们构建法治社会、法治中国的知识支撑、方法支撑和技术支撑。然而,致力于解决本国法律实践问题的法教义学,所认同的裁判依据必须是自己国家的法律文本,而不应是外国的法律文本。所以要求我们在研究、运用法教义学时,必须要以中国的实证法规范为研究起点,以本国的具体司法案例出发研究,并从立法条文和具体的案件事实中,检索、分析和总结出法律规则或原则,继而做到对自己国家整个法律秩序的稳定性和体系化工作,从而建构、发展、完善法学理论知识体系和理论方法。法学思维方式和法学方法论都会直接影响人们的思维方式、行为方式和决策方式。

(三)法教义学的理论立场

对这个问题的反思是构建稳定性、体系化的法教义学的一个重要前提。笔者认为,法教义学作为用来解决司法实践具体现实问题的一种科学研究范式,它以尊重一国现行实在法秩序的法律权威和对现行实在法抱有坚定信仰为根本出发点,在一国现行实在法框架内对法律文本的概念、语句进行描述、分析,最终旨在将法律构造为一种因相互支持关系联结在一起的规范的不会自我矛盾的稳定性、体系化的系统。

一国现行有效的实在法秩序构成了法教义学对具体案件事实和

某一法律条文进行解释、说明、分析进而得出结论这一完整过程的最为关键的大前提。因此,我们应该对一国所有的法律规范文本有所重视。法律主要由规则、原则构成。在法律实践中,注重追求法的安定性的价值。因此,要想更透彻的理解法教义学,就更需要我们理解"被写下的法律文本本身的重要性"。对司法裁判具有规范性拘束力的法律渊源也不应限于狭义上理解的实在法规范,还应该包括一些判例法等。

一国有效的现行法规范之于法教义学,一个国家的法律文本是法教义学开展工作的重要前提,更是研究法教义学的一个潜在边界。也就是说,我们在研究法教义学过程中,如果逾越了一国现行有效的实在法规范这一界限,丧失了相对于其他方法论的独特品格。法教义学的批评是一种体系内的批判,可以通过对内部一系列解释与体系化活动的思考,进而谋求整个法律规范体系的校正、更新和改善。在法律适用的过程中,法教义学一直不排斥对价值判断的运用。法教义学在立场上确立了部门法研究的实定法导向,在方法论上有别于受传统的文字注释性研究,更加强调从与实定法的逻辑关联中寻找概念和理论生存的空间。法教义学在研究方法上,法教义学以法律文本为出发点,包括狭义上的解释,但是不止于解释。法教义学始于对法律概念的逻辑分析,再将分析概括成为一个体系,还要将这种分析的结果用于司法裁判的证立。

1.法教义学指向体系思维

法教义学根本的思维形式之一便是体系化思维。众所周知,如果一个理论的前提预先设定过多,长期下去,肯定会降低这一理论体系的自我一致性,不利于法律规范的稳定性和可预测性。如此以往,最终法律可能会沦落为一个模糊不清、条文多而杂、经常相互矛盾的"条文包"。正如波普尔所言,任何体系在逻辑上至少应当是一致的。

法教义学指向一国所有现行实在法,并不代表只是对实在法的单纯描述。只是保持现有的法律规范是不够的,更为重要的是需要对法律规范进行正当性、体系化、合乎逻辑化的操作。所以,此时的法教义学任务就是在指向现行有效的实在法的基础之上(即在对法律规范的简单说明、解释、表述基础之上)开展更高层次的工作,对法律规范的体系化、逻辑性、合乎情理性的建构,需要同时以实践为导向。法教义学最重要的任务就包含构筑和维护法律秩序的稳定性、体系性和自我的一致性。法教义学方法的充分运用,最终引向的是一个高度体系化的法学理论。从这个角度来看,法律规范绝对不是孤立于其他规范而存在,置身于一张巨大的“规范的网络”之中。

综上,法教义学的体系思维不仅体现在运用法律概念、法律条文和法律规则、原则,解决一般、常见的司法案件上,更体现对一些疑难案件的解决处理上。通过一些技术手段和方法的建立与运用,法教义学在法律概念与规范体系中确定了一系列复杂而抽象的价值判断。因此,在面对类似案件的争议时,其他法律人(尤其是法官)就不必在价值层面重新对此做解释说明。法教义学的体系思维主线:从法学理论知识到法律规范文本再到法律实践,法教义学就是要构建一个完整的、稳定的、密不可分的法律体系。

2.法教义学指向司法裁判

法教义学在其理论立场上的另一个突出特征,便是司法中心主义。法教义学的目标仍然是解决司法实践中的法律适用问题。法教义学是指向司法中心主义,旨在解决实际案件。一个国家的司法案例、法官在判决书中的说理以及各种由法官和学者所进行的对于指导性案例、典型案件、疑难案件的评注就是本国法教义学所赖以产生和发展的重要制度基础。

法教义学内涵在于对一个具体案件的处理,要以一个国家现行的法律规范体系为依据,并运用一定的法律思维和方法,最终得出该具体案件的结论。在司法裁判活动中,法教义学对于法规范的所作的体系化、类型化的说明、解释、论证及推理工作对法官具有重要的借鉴意义或指导意义。在司法实践活动中,法教义学先接受法律规范的效力,以现有的法律规范为出发点,结合运用一定的方法对其进行解释、分析,然后将解释、分析后所得到的法律规范的内涵运用于具体的司法裁判之中。这就是法教义学在司法裁判活动中的操作逻辑。法教义学以法律文本为出发点，包括狭义的解释，但不止于解释。在没有法律明文规定之处，更加依靠学者创造出能够在逻辑上被包含于法律规定之中的概念和理论。

（四）法教义学的两个阶段

如今的法教义学分为完全不同性质的两个阶段，即民法典产生之前的法教义学和民法典产生之后的法教义学。第一阶段，即民法典产生之前的法教义学，此阶段主要是通过各种法律条文的解释创造出现实生活中司法实践活动所需要的法律，此阶段的法教义学是具有"创造法"这一功能的。第二个阶段，即民法典产生之后的法教义学，法教义学在这个阶段被限定为更侧重于适用法的科学，主要解决的是如何将建立在体系化理论基础上的法典适用于某一具体案件上，并得出适当的结论。

1. 民法典产生之前的法教义学

民法典之前的法教义学，是当今法教义学发展的第一个必经阶段。此阶段主要是通过对各种法律条文的说明、解释创造出现实司法实践活动所需要的法。从此角度，民法典产生之前的法教义学具有创造法的功能，同时具有一定的价值取向性。这项工作对于实现法律对各种社会关系的调整，具有极其重要的作用，尤其对于司法裁判中的法律适用环节是必不可少的。

现实生活中，大家坚信：法律具有最高权威，法律是明确的，每个人都应在法律的范围行动。人们"可为""不可为"及其相应行为的后果。法律不是完整无缺，也不可能对每一个行为都规定了相应的、明确的答案。与此相应的法教义学的创造法的功能就显现出来。实际上，法教义学的造法功能只是最后才可以采取的手段。当一个国家现行的所有法律规范实在不能再给予任何指导时，法官才可以启动法教义学的造法功能。法官在司法裁判中，当遇到法律条文未明确规定的案件时，他只有在穷尽各种规则、原则等方法后，此案件仍不能得出结论时，才考虑启动法教义学的造法功能，创设一个新的规则裁判本案。

长此以往,使得现有的法律规范更好地适应现实社会的发展。

在这个阶段,法教义学创造法的功能是通过法官审理一个个具体的案件事实体现出来。法官首先把以往审理过的众多案件类型化,然后从类型化的案件中提取、推理出相同的因素(可能是某个规则或原则),最后根据此规则或原则判决案件。法官应该借助法教义学方法,承担起法律具体化规范的任务。此阶段,法官的使命是通过对“个案具体化规范”进行分析、论证,从而形成“一般性的规范”过程。法教义学创造法的功能还体现在:在司法裁判活动中,尤其对疑难案件的解决中,必定会围绕多种解决方案进行比较分析,欲寻求众多方案中的最正当、最合理的解决方案,最佳答案可以被立法者接受,接下来会被立法者写进新一轮的立法中。如此往复,此阶段法教义学的创造法的功能发挥出来。

法教义学方法并不要求法律规范直接涵盖所有的案件,而是采用一种“授予法律正当性的基础”的方式。这种授权会直接授予立法者、法官某种正当的权利,此权利可以规定或适当采用一定的方法和技巧解释某些具体的法律规范。这种被授予的权利不可能是无限大、无限度的,如果立法者的规定或者法官的解释逾越了该授权的限度,那么他们所制定或解释出来的规范就不再是法律。此时,法官的造法功能并不可以为所欲为,造法功能仍然必须受到整个法律秩序体系的控制,法官找法、创造法时还应以法律的一些基本原则确定其裁判过程中需要考虑的约束性因素。

在民法法典化的大背景下,一个国家的法律规范落后于现实的法律实践是不可避免的,法律存在漏洞也是不可避免的。所以,法官在审理具体案件过程中,遇到法律漏洞时,针对此进行法律续造活动是很有必要的。一方面,法律续造活动应该以既有的教义作为必要前提和出发点,通过法教义学方法将过往经验知识和价值判断纳入其中,续造出符合一个国家法律体系化规范的规则。另一方面,当某次法律续造活动完成后,应当及时把此次创造活动产生的新的规则吸收进法教义学的体系中,从而实现“规则库”的革新。

2. 民法典产生之后的法教义学

民法典产生之后的法教义学，是必将经历的第二个阶段。法教义学在第二个阶段更多地被限定为侧重于怎样适用法的科学，主要解决的是如何将建立在体系化理论基础上的法典适用于某一具体的司法实践案件上，得出适当的结论。法的适用是司法机关依据一国的现行实在法规范，采用法教义学的法律思维，具体将法律适用到具体司法案件中的实践活动。

法的适用是一个借助逻辑推理的方式将法律规范包含的某一种或某几种规则与具体的案件事实对应起来，并得出一个确切的、合乎情理结论的完整过程。即由大前提（法律规范中的某一种或某几种规则或原则）、小前提（某一具体案件事实）、裁判结论组成的经典的三段论推理过程。法官应该借助法教义学方法，承担起法律具体化规范的任务。法律规范文本是法官裁判具体案件的一个出发点，在司法裁判这个过程中，法官也不得违反法律规范文本的界限。需要明确的一点是在司法裁判过程中，将某一法律规范具体化的过程中不仅需要法官做到尊重法律规范文本、尊重案件事实。事实上，当将法教义学运用到司法裁判过程中，每一个案件推理、论证的过程都需要加入一定的价值判断。法教义学的实践品格与法律实践活动密不可分。从法教义学的内涵、价值和功能出发，产生、发展、完善一套独特的知识和方法体系最终的服务对象是法律实践活动。法教义学为法律人把“书本中极其抽象、复杂的法律规范”转变为“明确的、与具体案件事实相符合的行动之法”提供了一个可行性强的媒介、渠道。在法治社会和建设法治中国的大背景下，人们要求以一个国家的法律规范文本作为自己的直接行动依据，维护法律正义的法官被要求以法律规范为唯一根据做出合法裁判。种种法律实践活动的需求都将决定我国法学教育的目标，是培养兼备扎实的法学理论知识、对于法律事务的准确把握、最重要的是能够处理具体法律问题的人才为主，而目标恰恰与法教义学的价值高度契合。

三、法教义学的价值

部门法的法典化是法教义学教学方式的前提,法教义学是在大陆法系背景下产生、发展、完善起来的具有科学性、实践性和开放性的法学理论体系。法教义学有独特的价值,具体表现:法律职业需要层面的价值、司法审判需要层面的价值和法学教育需要层面的价值等层面。从法律职业需要的角度考虑,法教义学通过对法律概念、规则、原则及原理进行一系列体系化的阐释,使得法律职业人对法律的理解在法律职业共同体内形成某种共识,一定程度减轻法律人的论证负担。从司法审判需要的角度考虑,法教义学为司法活动输送具有确定性外观的法律论证资源,进而促进法律的安定性与确定性,法官的自由裁量权也得以控制在合理的范围内。从法学教育角度考虑,法教义学可以促进法律教学的学术化与实践性的结合。基于法教义学的价值考虑,将法教义学应用到我国法学教育中,会对法学方法的理论研究、法学教育的进步和具体的法律实践活动有所帮助。法教义学不单是如何理解具体的法律条文,更包含如何将条文的适用与法学原理、法律体系化结构以及法官的自由裁量权的适用规范结合起来。

(一)法律职业需要层面的价值

在服务于现实生活的法律实践活动中,法律具有确定性和可预测性。长期以来,法学家们曾把自然法理论作为回答法律规范本身的确定性与可预测性问题的理论依托。法教义学是解决法律的确定性和可预测性问题的一种正确抉择,法教义学在体系化的法律思维方式能很好地给予一定帮助。

第一,从基础的法律思维角度出发,法律思维方式可以分为形式法律思维方式和实质法律思维方式。在法律实践活动过程中,法教义学方法就是将这两种法律思维方式结合起来,对具体的案件事实进行说明、解释、分析进而得出结论的一个完整过程。此是确保法教义学方法在一个国家的法律规范文本的框架之内进行,运用法教义学方法从合法性的角度得出最终法律实践活动结论。

第二,法教义学是具有类型化法律思维。从这一个角度来看,法教义学可以从众多的司法案例里分析、提炼、总结出某一类型案件的共同要素，然后再对共同要素按照一定的逻辑关系进行一种体系化的建构，从而使其融入现有的法律规范体系。长此以往，可以为法律人尤其是法官提供分析、解决法律实践问题的一种强有力、合理性的技术支撑。法教义学既能促进法的安定性，又有助于融贯法律体系的建构。

第三，法教义学具有一定的互补性法律思维。法教义学通过对现有的以“学者思维”“法官思维”和“律师思维”为代表的法律职业共同体思维进行适当的提炼、分析和整合。实现多种不同的法律思维之间的优势互补，对于法律实践活动的各个参与者都是有利的，更加有利于司法实践活动的有序开展，一个融贯的法律体系是确保法律确定性的重要基础。一国的法律体系虽然主要是由立法实践提供基本要素，但必须经由一定的解释与加工工作才能成为融贯的整体。法教义学是在现实生活中解决法律问题时，可以运用的一种更加稳定化、体系化的法律思维方法，不断地对法律条文进行论述、解释、梳理、分析和批判的重复过程中，实现对作为规范整体的实定法秩序的体系化解释。部门法的体系化，依然构成了法教义学的核心内容。体系化的思维，是法教义学的逻辑主线。对于具体部门法的体现包括外在体系和内在体系两个方面。外在体系意味着对法律制度和法律事实所做的概念上的整理和阐明，而内在体系则是指整个民法的基本原则以及这些原则之间的联系在法律的适用过程中，法教义学的体系化功能通过对法律概念、规则、原则及原理进行体系化的阐释，使得法律职业人对法律的理解在法律职业共同体内形成某种共识，减轻法律人的负担。

（二）司法审判需要层面的价值

在介绍法教义学的司法审判需要层面的价值之前，先简要叙述一下法教义学和立法之间的必然联系。如果把两者之间的联系割裂开来，就很难对法律适用过程中的“法官造法”这一做法做出合理的解释。在历史的逻辑原点上，或许只有第一次立法行为产生之后才有法教义学产生的可能。但在后续立法（当代立法活动都属于它）过程中，立法并非从零开始,立法者只能在继续有效之旧法的框架内创设新法。立法者肩负着维系整个法秩序逻辑——体系正确性的要求,即新法不得与继续有效之旧法以及从中推导出和可推导出之教义规则相矛盾,除非现行法被修正或这些教义被放弃。

众所周知,法教义学有稳定性、体系化的功能,同时它更具有一种革新的功能。因此,在此基础上,它在追求立法的科学化、体系化、一致性等方面上为立法作出贡献。一方面,在立法过程中,运用法教义学方法可以最大可能地排除立法者的个人恣意和专断,进而可以增强法律的合法性、合理性和安定性。另一方面,法教义学还可以揭示出旧的、不符合现实实践需要的法律条文中一些相互矛盾的地方,进而促使新的立法在整个法律体系的无矛盾性和融贯性方面加以改善。因此,在规范性的意义上,离开法教义学的立法是不可能的。这并不意味着要取消立法的形成空间,而只是意味着要对立法者的权力进行理性限制。

在司法实践活动过程中,法教义学通过一定的法律思维方式使得法官跨越法律规范抽象、复杂这一局限性与司法实践的具体案件。法教义学通过对具体的案件事实和复杂、抽象的法律条文进行说明、解释、分析及推理、论证,进而建构起稳定化、体系化的法律规范系统,设定分析案件的典范论证步骤,为法律规范的适用提供统一的、标准的概念和结构,为司法实践问题的解决提供确定性的指引。"作为法律和司法实践桥梁的法教义学,在对司法实践进行批判性检验、比较和总结的基础上,对现行法律进行解释,以便利于法院适当地、逐渐翻新的适用刑法,从而达到在很大程度上实现法安全和法公正"。[①]与其他法学的研究不同的是,法教义学本身就是围绕着现行的实定法展开和构建起来的,诞生的使命增进对法律的理解,指导司法实践。

法官在司法裁判中不仅要依据制定法进行裁判,而且要诉诸事先经由法学予以类型化的法教义学,使得司法裁判最大限度地具备了可预测性,进而法教义学从可预测性方面促进了法律的确定性。法教义

①周光权.刑法教义学的实践导向[J].中国法律评论,2022(04):120-136.

学在裁判路径层面和它的一贯主张是保持一致的。法教义学主张以一个国家现行的法律规范为解决具体法律问题的起点,最终还要以法律规范作为司法裁判的依据。在除这两者之外的空间里,当解决法律漏洞的问题时,还可以拿过往经验与合理的价值判决来补充,使得裁判更具有合法性、正当性和可接受性。在司法实践中,经常可以看到在疑难案件的处理过程中,会较多地使用法外理由来进行说理和论证的情形。但是,这种说理、分析、论证和结论必须在法律规范现有的框架内进行。

(三)法学教育需要层面的价值

美国的卡多佐大法官不止一次在课堂上对法学生说过:“你们更需要学习的是运用法律思维来分析与解决问题的能力。”而法教义学就是这样一种符合要求的法律思维方式。法律思维方式可通过教学方式的改良传授给法学专业的学生,为以后的职业需要打好坚实的基础。

法教义学的法律思维方式与法学教育是密不可分的。从法教义学的内涵、价值和功能出发,产生、发展、完善出来的一套独特的知识和方法体系最终的服务对象是法律实践活动。法教义学为法律人把“书本中极其抽象、复杂的法律规范”转变为“明确的、与具体案件事实相符合的行动之法”提供了一个可行性强的媒介、渠道。

然而,在现实中呈现地往往是一个法学理论知识与现实法治实践彼此背离的尴尬局面。造成这种尴尬局面的一个重要原因是法律确定性问题没有引起人们足够的重视。实际上,从德国民法典编纂开始,法学家们早已意识到法典的抽象条文与具体案件之间存在着很多不确定的因素,为此在法学研究中提出了法律的确定性问题,相应地在德国法学教育体制中逐渐发展出了一种法教义学的教学方法。此前,我国若干法学院系积极引进德国学者进行法教义学模式的探索,将法律确定性问题作为重要的理论和实践问题来解决。

应用法教义学的法学教育与立法、司法实践之间是一种双向互动的关系。“法教义学提供实务界许多裁判基准,常被引用,有时经过修正，有时也被误解。另一方面，司法裁判提供教义学大量的‘材料’，由这些材料法学才能发展出新的基准”。这充分体现了法教义学与司法实践之间的合作和互动，相对于具体的、变幻万千的社会事实而言，法律规范的内容总体上来说还是相对抽象的、一般的，法教义学对于法律规范的解释及体系化、类型化所做的工作，对于法官而言具有重要的参照或指导意义。对于一些疑难案件或者初次出现的新颖案件，法官难以寻找到合适的法律进行判决，此时可以诉诸法教义学。

法教义学方法从法学教育的角度来看，它是“对于法学教育专门化、职业化、科学化和系统化地预备”。法教义学在本质上更侧重于对一个国家现行的法律规范进行的一系列解释、分析、适用，最终得出一个正当性的、合理性的结论。法教义学为法律创造、法律解释和法律适用提供了一种强有效的手段和工具，从而为法律实践中遇到的问题的解决提供一种确定性的指引。法学是一门实践性很强的学科，它所指向的是现实中具有争议问题的实际解决。因此，法教义学将为法学教育的专门化和职业化提供方法论上的保障，也可以促进法律教学的学术化和法律活动的实践性之间的良好互动，以试图最终可以避免出现理论界与立法、司法界形成各行其是的局面。

四、在法学教育中应用法教义学方法的重要性

我国在法学教学活动的开展中，把法教义学应用到我国法学教育中来，实际上就是将法律规范科学化、体系化，使其更加符合法学教育和司法实践的内在需要。这种内在需要就是科学化建设以后的法学和法律，具有高度的专业化和体系化内容，需要法教义学帮助学生了解整个法律规范体系，这样才利于法律人在司法实践中更好地适用法律。

现代法教义学是建立在法学学科和法律规范的稳定性和体系化基础上的，也就是将生活中的法律现象进行一系列体系化处理后而逐渐形成一个具有逻辑体系的整体。所以，法教义学要求老师对于法律理论知识的传授，不仅要讲述法规则和原则，还要讲述形成脉络和推理方式，从而为司法实践的适用提供直接的指导。可以说，目前我国

的法学教育对于法学方法上的教授整体仍然比较落后，尤其是以法教义学为基础的法学方法还未引起我国学者足够注意。所以，在考虑到我国法学教育还未能做到充分职业化、专门化，我国目前法学理论与法律实践相分离的现实问题，笔者提倡将法教义学方法应用到我国法学教育中，对于我国法学教育起到重要的作用。

（一）培养检索法律规范信息的能力

目前，我国大多数院校所使用的法学教材内容大都侧重于法学理论知识的讲述。现在采用的教材几乎通篇都在进行基础理论知识的讲解，缺少一些相对应的案例，加大学生对于法律规范心存陌生感、距离感的风险，更是导致出现法学理论知识与现实的法律文本相分离的现象。法律规范由法律概念、语句及条文组成。所以，对法律概念、条文，各种法律解释的准确把握是法律人必须具备的基本能力。

在法学教育的教学过程中，我们将法教义学运用到日常的课堂学习中。首先从对法律条文的检索、查阅、提炼开始，这将对法学生检索、查阅法条能力的提高有很大的帮助作用。各种法条的检索、对于法律规范的合理解释与案例分析等共同构成了法教义学方法的重要组成部分。法教义学不仅是一种先进的方法论体系，更是侧重于法律实践，从而逐渐建构起的规范、体系化的科学。法教义学方法很是注重让法学生充分了解法条的真实形式，特别注重讲解如何获得和具体案件相关联的法律规范信息的方法和技巧。目前，各种法律学术期刊、著作、电子数据库、指导性案例以及其他媒体，都是获取法律信息的途径。所以，将法教义学应用到法学教育的过程中，要多加利用这些先进的搜索工具，同时，也要注意辨别、对比通过不同渠道获取的法律信息。老师在教学过程中，更要注重对于某个具体法律规范检索的演示。

（二）培养解释法律规范的能力

根据具体案件事实，准确、快速地检索、定位到与案件事实相符的法条这一能力对学生是至关重要的。当法学生已经达到熟练掌握查阅、检索和具体案件相关的法律规范信息的基础之上后，此时的法学教育教学的重心应该转移到对于法律解释相关方法的培养。值得关注的是，在我国法学家对于法学理论的研究进程中，“解释论”这一立场一直没有得到学者们应有的关注，持“解释论”观点的学者主张通过法律解释逐步实现法律规范内容的正当化与合理化。

法教义学方法以一个国家现有的所有法律规范为出发点和前提，在解释的基础上寻求建构更加体系化的法律规范体系。当我们对某一法律规范进行解释时，需要根据不同情境采用不同的解释方法，同时，搭配着不同的解释技巧进行法律解释。当进行解释时，首先应该考虑文义解释，这是最接近原意的解释方法。其次，考虑目的解释、体系解释等。在教学过程中，应当通过对某一具体的法律条文的解释进行现场演示，以此来引导和培养学生在法律实践活动中的解释性思维与能力，这对法治人才的培养，乃至对于我国的法治社会和法治中国的建设都具有极其重要的意义。

（三）培养分析案件事实的能力

对于理论知识的学习，最终还是要为实践服务，运用到实践中去，尤其法学学科的实践性更加突出。作为法律人，总要面对各种各样、很是复杂的具体法律案件。所以，在查阅并解释法律规范的基础上，对案件事实进行适当的、合理的分析显得尤为重要。法教义学主张对抽象、复杂的法律规范进行解释的过程中，注重和具体案件事实的结合，通过此途径培养学生的分析案件事实的能力。专业的法律人和普通人民大众区别开来的其中一个重要标志就是法律人能够运用一定的法律思维、法律技巧、法律视角分析案件事实，通过分析继而得出一个正当、合理、可接受的结论。无论对于法条的检索、查阅、获取，还是对于法条的解释，最终落脚点都在具体的案件事实。所以，在法律实践活动中，对具体案件事实的分析就显得尤为重要。

法教义学虽然注重法律条文的检索、查阅及其解释，但并不是单单停留在理论层次，更加注重实践性。其中，对于法律规范的解释更加关注通过具体案件事实表征法律条文解释性内涵。在法学教学过程中，应该更加注重在课堂上引入具体案例，示范讲解对其分析，以期得出结论。此外,还可以应用讨论式课堂教学模式培养学生以法律规范分析案件事实的兴趣,逐步培养学生分析案件事实的技能和方法。根据法教义学方法培养我国法学学生的检索、定位、解释法条的能力以及分析具体案件的能力,将为我国专门化、职业化的法学教育与抽象、复杂的法律规范与具体的司法实践之间矛盾的解决带来新的解决问题的角度,有助于我国法学理论界与司法实务部门之间的良性互动。

五、在法学教育中应用法教义学的路径

部门法的法典化是法教义学教学方式的基础。所以加快部门法的法典化建设是法教义学方法在法学教育中适用的其中一种前提支撑。法典最根本的形式意义之一在于其明确性。法典的明确性能够满足人们安全需要的满足。建设法典化的法律体系是所有的成文法作为唯一或基本渊源的国家的共同目标,许多国家的立法机关和法律工作者一直在为此做出不懈的努力。但是在追求法律体系法典化的同时也应当看到,社会生活总是在不断发展,已有的法典也需要以单行法规或其他形式不断地补充、修改和完善。所谓法律体系的法典化,只能是就规范性文件系统的基本结构而言。如果片面强调法典化的意义并使之绝对化,就有可能导致法律体系的停滞、僵化,或者使立法脱离社会生活和法律调整的实际需要。在立法过程中,法教义学通过描述现行实体法并进行体系化研究:主要是通过法教义学的方法将法律规范化、逻辑化、体系化,形成一个前后协调的法律框架。法教义学推动了现实中的法律实践活动:在立法中可以弥补漏洞、填充空白、缓解冲突、形成一个协调自洽的法律体系。

(一)加强对学生法律思维能力的培养

法律思维能力的培养,可以充分为学生从事法律职业奠定坚实的理论基础。增强法学生的法律思维能力,可以通过对教育理念、课程设置以及教学方法三个层面着手。这三个层面的实现终究是为了让法科学生熟悉法律规则的内容与体系,将法条背后的原理与精神内化为自己的思维方式,掌握多种法律方法的运用规则,懂得如何运用与

表达法律思维。而法教义学方法尤其重视法学生的法律思维能力的培养,可以从以下几个方面着手对于学生法律思维能力的培养。

1.转变法学教育理念

理解一个法条比单纯记忆一个法条更为重要,当运用适用法条时,要知其然更须知其所以然,理解法条背后的法理依据与逻辑推理方式,掌握立法者的立法原意与立法精神。所以,应该转变对法学生的培养理念,重视法律思维能力的培养。课堂讲授不单纯是传递法学知识,更主要的是引导学生构筑法律思维方式所需要的合理知识结构,形象地展示法律思维方式,让学生学会寻找法律和正确理解法律规范,运用法律规范解决具体个案。

我国的法学教育应该是以培育学生的法律思维能力为基础的教育。学生在形成体系化法律思维能力的过程中,不仅能更加深入地理解该法条的含义及法条背后的法理,而且能够加强学生掌握法条、分析法条及运用法条解决实际问题的能力。第一,从基础的法律思维角度出发,法律思维方式可以分为形式法律思维方式和实质法律思维方式。在法律实践活动过程中,法教义学方法就是将这两种法律思维方式结合起来,对具体的案件事实进行说明、解释、分析进而得出结论的一个完整过程。这个过程是确保法教义学方法在一个国家的法律规范文本的框架下进行,运用法教义学方法从合法性的角度得出最终法律实践活动结论。第二,法教义学是具有类型化法律思维的。从这一个角度来看,法教义学可以从众多的司法案例里分析、提炼、总结出某一类型化案件的共同的某些要素,然后再对这些相同的要素按照一定的逻辑关系进行一种体系化的建构,从而使其融入现有的法律规范体系。长此以往,可以为法律人尤其是法官提供分析、解决法律实践问题的一种强有力、合理性的技术支撑。第三,法教义学具有一定的互补性法律思维。法教义学通过对现有的以“学者思维”“法官思维”和“律师思维”为代表的法律职业共同体思维进行适当的提炼、分析和整合。这样可以实现多种不同的法律思维之间的优势互补,对于法律实践活动的各个参与者都是有利的,更加有利于司法实践活动的有序开展。

要解决抽象、复杂的法律规范与具体的司法实践生活的鸿沟，除了要使法律规范的概念及价值适应于生活，更要利用好法教义学这一法律思维方式，更离不开法教义学的实践品格。在对法教义学的众多研究中，法学家们普遍认同法教义学具有实践品格这一观点。法教义学的内涵中一直包含着实践这个重要的维度，法教义学和法律实践活动之间的关系得到充分体现。

2. 完善教学课程设置

完善教学课程设置，加大方法论课程的学分，也有利于加强学生的法律思维能力。具体如下：第一，继续重视基础理论课程。认真对待法理学、宪法、刑法、民法等16门核心课程的学习，适当增加行政法、刑法、民法、民事诉讼法等基础部门法课程的学分数，以此来引起法学生的应有关注。这些基础知识都是司法实践中最常用的内容，其中的法理学更是解决新问题、疑难案件的方法来源。第二，增设法律方法论课程。法律方法是法律人展开专业思考的重要工具。对于任何一门学问的研究，都离不开方法的指引。作为传播学问最基本途径的教育，更应当关注方法论问题。法学教育在教学中对方法问题则更为关注。因此，专设法律方法论课程不仅能够使学生全面地掌握专业的思维方法，更能拉近学生与司法实践的距离。当然，法律方法论课程应先在研究生阶段设置，通过研究生的反馈对教学过程进行改进，待课程研究相对成熟后再考虑在本科高年级开设。第三，开设法律语言课程。法律语言既是法律人对话的桥梁，也是职业思维的载体。为使法科学生掌握法律语言的规律性知识，应开设法律语言课程，促进法律思维规范、理性地表达。

3. 更新教学方法

更新教学方法，注重法学生的思维训练。在此，应该摒弃以往“独角戏”式给法学生灌输零散的法条为主要内容的讲授方法，逐渐采用法教义学的教学方法。目前，法学教育中大体存在着两种教学方法：德国式的法教义学方法和美国式的案例教学法。案例教学法是在讲授法学知识理论前、讲授中和讲授后穿插一些典型案例以提高学生对法条的理解能力。而法教义学方法则是选择讲授一些重点案例以引出较为系统的法学理论知识，这更有利于培养学生的法律思维方式。一方面，改良基础理论知识的讲授方法。基础理论的讲授不应仅停留在知识的表面，应深入分析理论的发展及演进过程，包括理论形成的原因、条件、根植的社会背景等。可结合课堂问答、小组讨论等教学方式，加强师生互动，实现思想的碰撞与交流。另一方面采用模拟法庭训练法等实践性教学方法。模拟法庭训练法通过模拟法庭比赛的方式模拟案件审判过程，学生通过体验不同的职业角色、撰写法律文书等过程，锻炼知识运用、辨析论证等实践能力。目前，模拟法庭训练法已深入教学实践。何美欢教授认为练习是培育技能的唯一方法，主要包括三个阶段：第一个阶段是给学生练习的机会，让学生独立完成老师布置的任务；第二个阶段是纠正学生练习时的错误；第三个阶段是学生基于正确的认知反复多次练习，直到自觉地掌握该项技能。多种教学方法的运用应体现以上思维训练的过程，让学生在练习、纠错、再练习的过程中养成法律思维。

（二）建立系统的法教义学教学体系

法学教育是构筑法官和律师的法律思维的媒介，由于教育缺乏统一的体系，易导致法官和律师对同一法条理解不一，因此在教育方面，应该建立一套系统的法教义学教学体系，从而促进统一的法律思维的形成。法律职业共同体是实现法治社会、法治中国建设的人才基础。法律职业的共识很大程度上来源于共同认可的法律知识、法治理念和法治价值。因此，法律职业共同体首先应当是法律知识共同体。没有共同的法律知识，法律职业共同体建设就会困难重重。法学知识教育或传授在这个共同体建设中具有重要作用，就其实践性而言，法律职业共同体中的每一个人都有义务和责任参与到法学知识的生产和传授过程之中。法学知识并非仅仅形成于教室，而应该在更加宽广的法律实践中加以培育、完善和提升。这个过程离不开法官、律师、检察官以及其他法律职业人员的共同参与。

法学知识的学术营养来自法治实践。在个案处理中会产生各种难题，法学知识在解决这些难题过程中的作用和不足，需要及时反馈给法学研究者与教育者，理应构成法学知识形成和积累的一个不可或缺的环节。法学理论知识必须面对实践的检验，法律实践问题及其解决也必须经受法律科学的审视，需要建立法学知识与实践之间的良性互动循环，在此过程中形成成熟的法律职业共同体。法学教育、法学研究工作者和法律实务工作者之间的交流互动增多，逐渐形成协同研究法治理论、推动法治实践的生动局面。

在实践活动中，立法者根据正当的程序创制出具体的法律规定，学者在法律框架和脉络的基础上，发展、梳理立法、司法实践相适应的概念和理论体系，而这些理论和概念与法律之间具有或直接显明或曲径通幽的逻辑关联。这样形成的一种规则体系，其融合性、体系性是其自身的保证。这一过程是一种无穷尽的相互调适、完整化与排除的过程，以便于产生一个自我包容的体系。正是因为这种逻辑，使得理论与法律血肉交融为一体。如同缠绕在树木上的藤蔓一样，法教义学与实定法之间形成了一种独特的共生关系。学者继而在法学教学过程通过法教义学教学方法将此与立法、司法实践活动相适应的理论体系教授给学生，这样也避免理论界与立法、司法界形成各行其是的局面。

第二节 法学教育中的诊所式方法

一、法律诊所教育在我国实施的现状及概论

法律诊所教育模式，又称为临床法学教育，2000年在美国福特基金的支持下，诊所法律教育方式被中国人民大学、北京大学、清华大学、复旦大学、华东政法大学等五所大学引入。在首批引入的大学中，此模式实践后取得不错的反响，越来越多的大学开始设立法律诊所教

育课程，目前已有200多所学校设有法律诊所课程。

我国法律诊所教育发展主要包括三个阶段：起步阶段，1999年底，中国政法大学就已经对法律诊所教育项目在我国开展的可行性进行论证。在2000年7月，关于法律诊所教育方式在中国推广问题的研讨会在武汉大学召开，这次会议不仅有国内的大学，还有来自法律诊所教育起源地的耶鲁大学、纽约大学以及华盛顿大学，共同探讨法律诊所教育在中国本土化中的问题，就此法律诊所教育在中国发展起来。随着法律诊所教育的开展，教育部高校法学类专业教学指导委员会承认法律诊所教育作为法学教育可在高校中开展，成立中国法学会法学教育研究会诊所法律教育专业委员会；发展阶段，从2002年开始，开设法律诊所教育的学校又增加了3所，分别是中山大学、西北政法大学和四川大学。法学教育界开始对法律诊所教育的教材进行探索，比如《互动教学法：诊所式法律教育》（法律出版社出版），但是各个高校并没有就诊所教育规定相关的教材，同时成立了中国法律诊所教育网，该网站有关于国内外法律诊所的开展情况、国内学者对法律诊所教育的研究成果、高校开展法律诊所教育的研究交流分享和培训等内容，为已经开设和即将准备开设法律诊所教育的高校以及高校教师提供相关经验，为法律诊所教育在中国发展提供便利条件；最后是法律诊所教育模式巩固发展阶段，根据中国诊所法律教育网站上公布的数据已经高达200多所高校设立了法律诊所课程，越来越多的高校将法律诊所教育作为法律专业课程纳入法学教育体系当中，中国法律诊所教育网站上也公布关于法律诊所教育的课程标准，避免出现“有名无实”的法律诊所课程。法律诊所教育发展的缩影可以从最初引进的几所高校中得出，下面将简略的介绍几所高校的法律诊所发展情况。

（一）法律诊所教育在我国高校中的实施现状

目前，我国法律诊所教育按照涉及的主题是否单一化可分为综合型法律诊所与单一型法律诊所，按照管理的主体不同可分为校内法律诊所和校外法律诊所。

综合型法律诊所涉及的课题和法律领域较为广泛，既可以代理各类诉讼，也包括在社区的普法活动，综合类法律诊所可以提供相对充足的案源，学生最大可能地接触到各类法律实务问题。而单一型法律诊所的功能相对较窄，只涉及某一方面的主题，如立法诊所、行政诉讼诊所、消费权益法律诊所等专业的法律诊所。如北京大学法律诊所和清华大学法律诊所，北京大学法律诊所于2000年成立，在成立初期的摸索过程中，尝试将法律诊所与专业实习相结合的模式，将学生分配到律师事务所，通过问题研究与服务中心进行学习，这种方式难免让学生处于一个“打下手”的状况，学生处于被动的状态，不能主动直接接触案件，限制了学生实践活动。随后成立了北京大学诊所式法律实验教学中心，该中心自主设立了北京大学学生法律服务中心作为校内法律诊所教育的平台，现在与北京大成律所合作成立北京大学法学院大成校外法律诊所，同时与国外多家高校法学院建立合作关系，完善了法律诊所的实践形式。现在北京大学法律诊所通过多方合作，在发展中逐渐形成多种类型的法律诊所，包括民事行政诉讼诊所、公共政策与立法诊所、社区诊所等。清华大学法学院在设立法律诊所初期，考虑学生在实践中难以作为代理人参加庭审，而中国关于消费纠纷多以调解的方式解决，清华大学法学院与北京市海淀区消协合作，消费者设立了消费者权益法律诊所，主要运用调解的方式解决消费者权益纠纷。此后与北京市朝阳区工会合作成立了劳动者权益保护诊所，主要是为劳动者提供法律咨询和进行调解仲裁，随后设立其他弱势群体权益诊所。目前清华大学法学院与北京市海淀区法律援助中心合作，共建法律诊所教育的法律实践基地。就目前国内法律诊所发展来看，单一型的法律诊所是我国法学院中较为多见，多数法学院会设立多个单一型法律诊所类型供学生选择参与进行学习。

校内法律诊所和校外法律诊所区别主要是是否由大学的法学院对法律诊所进行管理，而不是指场地是否设立在校园内外。目前我国除少数知名院校可与校外法律机构合作，大多数法律诊所都由法学院设立并管理。而校外法律诊所主要是与律所、公检法以及法律援助机构合作共建实践教学平台。如中国人民大学法律诊所主要依托“中国人民大学大学生志愿者法律援助中心”“中国人民大学民商事法律科学研究中心”“中国人民大学刑事法律科学研究中心”和北京市的律师事务所。而华东政法大学法律诊所教育主要依托华东政法大学大学生法律援助中心，华东政法大学大学生法律援助中心于1997年成立，无论是机构设置还是人员安排发展比较成熟，名气比较大，案源较多，因此将法律诊所与大学生法律援助中心合作，可以最大限度地让诊所学生接触真实案例，除此还与当地的法律援助中心合作以及街道社区合作，让学生进入社区提供法律服务，当地法律援助中心为学生提供法律援助案件，让学生全程参与法律援助案件当中。

法律诊所的设立类型是多样化的，主要是由法律诊所的教学目标确定，并且以上的划分标准具有相对性，在法律诊所的发展过程中，法律诊所越来越多样化和多元化。①法律诊所在中国法学教育发展中已经出现燎原之势，从最初的7所高校到现在的200多所高校，但是法律诊所教育在中国发展由于不同的文化制度、教学理念，难免会出现“南橘北枳”的状况。

（二）法律诊所教育模式概论

1.法律诊所教育的特点

法律诊所教育模式是一种新型教育模式，与以往的实践性教学有着明显的区别，法律诊所具有明显的特征，包括：实践性、主动性、服务性。

（1）实践性

印度学者马海发·梅隆将法律诊所描述为“在行动中学习”，法学是实践性很强的学科，法律诊所这一概念来自医学，因为法学和医学都是应用性很强的专业，都不能脱离实践作为纯理论的研究。

首先是体现在教学理念上的实践性，诊所教师的作用是培养学生在实践中应用法律的能力，法律知识在实践中获取。其次在教学内容上也体现实践性，诊所教育中无论是课堂还是社会实践都是学习场所，法律诊所分为课堂模拟和课外实践，在课堂模拟练习，诊所教育的

---

①孙露．新时代法律职业共同体研究[D]．长春：吉林大学，2022：15-16.

课堂教学不同于理论教学课堂,案例选择不同,侧重点也不同,在诊所课堂的案例主要是真实的案例而不是为了符合知识点而编出来的案例,让学生通过角色扮演,培养学生站在不同角度分析同一个案件的能力,结合理论知识灵活运用到具体案件中,并且学生在角色扮演过程中也能够观察到其他同学的表现,发现自己和他人的不足之处,从而培养职业技能和职业素养,在课堂教学中,诊所教师会控制课堂讨论的主题和节奏,尽可能让学生表达自己的观点,在学生完成模拟之后再对学生的表现进行评价并提问,引发学生思考。课堂教学可以使学生习得一定的职业技能和职业技巧,但是课堂外的实践教学在真实案件中,可以接触到当事人、公检法机关,这是课堂教学中不能接触到的,这种实践也可以锻炼学生交际能力,提高当事人复杂陈述中提取信息的能力。无论是课堂教学还是课外教学的场景都强调实践性和真实性,让学生在一个动态的环境中灵活运用法学知识。课堂教学和课外实习是紧密相连的,课堂教学内容是实践中真实的案例,每个学生都会参与课堂谈论、互动,在实践中会出现各种意外情形,这是课堂学习不会出现的状况,所以课外实践是对课堂学习技巧进行运用延伸,同时培养综合素质。

因此,诊所教育的课堂教学和课外实践无处不体现真实的学习环境,实践性是法律诊所教育最大的特点,因为虽然法学理论知识很重要,但是法学是一门应用性很强的学科,必须将理论和实践结合来,才能培养符合社会需要的人才。

(2)主动性

法律诊所教育的整个教学过程围绕学生展开,学生才是教学活动主体,而教师作为引导者和控场者。法律诊所教育的最终目的是培养学生能够自学法律并熟练运用法律,从而发挥职业技能。在学校的学习过程中是不可能穷尽所有法律知识,但以后在法律职业生涯中都要不断地更新知识并在实践中运用,而诊所教育的教学方法主要依靠学生的主动性,诊所课堂不同于理论课堂的教师“一言堂”,诊所课堂的氛围更加宽松,能够充分调动学生的主动性,以学生为主体,课程教学和实践课程都强调对法律的运用，从而提高处理法律问题的能力。法律诊所教育无处不体现以学生为主体的教学方法，将学生置于问题的漩涡中，让学生主动发现问题并解决问题。

（3）服务性

法律诊所教育与其他教育模式最明显的区别在于服务性，法律诊所在美国是各州法律承认的法律援助机构，从法律诊所教育模式一诞生就背负着两个目标：法律援助和法学教育改革。在法律诊所诞生的目的之一是弥补美国当时法律援助机构不能满足社会的需要，虽然美国法律援助制度相对完善，但是法律援助律师的数量远远不能满足社会需要，法律诊所作为法律援助机构可以缓解司法资源短缺的问题。美国法律诊所的案源大都来自专门的法律援助中心，高校法律诊所免费为这些法律援助案件提供法律服务，久而久之，高校的法律诊所就变成了法律援助的一部分。法律诊所的服务性不仅体现为社会弱势群体提供免费的法律服务，还体现为社会司法环境提供服务。法律诊所的出现弥补了法律援助的缺陷，促进了社会的司法公正和社会公正，并且法律诊所的学生为社会弱势群体提供法律服务时，接触的是基层人民的生活，可以了解到他们的法律需求，为未来可能参加立法打下基础，促进司法公平公正。

2. 法律诊所教育的价值

（1）法律诊所教育对中国法学教育的价值

第一，法律诊所教育可以改变当前我国法律教育与法律职业之间分离的状况。我国法学教育阶段中没有像其他国家一样的法学研修阶段，本科毕业后可通过司法考试直接进入司法实践部门，无论是通过实践部门的反馈还是法学生自己的反馈，这种缺乏实践性教育模式，导致学生在进入实践部门后需要较长的实践去适应基础操作。传统教育将学生作为被动的知识接受者，教师单向灌输知识，而法律诊所秉承“在实践中学习”的教学方式，转变传统教育中师生的地位，学生作为学习的主体，教师的教学行为随着学生的学习需要而改变，与诊所教育模式相比，传统教育方式相对落后，法律诊所教育模式主要对法学生的职业技能、职业素质的培养，将法律诊所教育作为法学教育的一部分，可以有效避免法学教育与法律职业脱节的状况，保证法律职业和法律教育衔接，法学教育应当以经济为基础，为经济发展培养法治人才，而不能脱离经济社会的发展，经济社会发展是不断发展变化的，法学发展要随着经济社会发展而不断变化发展，培养具有实践型、创新型的法律人才，是经济社会发展的必然要求。而这些恰恰是传统教育模式所缺乏的，诊所教育紧紧围绕着社会发展实践和学生的能动性培养符合社会发展的法治人才，有效地解决了传统法学教育的弊端，推动法学教育改革。

第二，法律诊所教育可以推动将法学教育与法治社会建设相结合。如果法学生没有进行实践性教学的培养，校园相对社会来说更加简单，法学生没有接受职业道德和职业素养培训，在进入社会后没有正面的影响，很容易误入歧途。法律诊所教育可以让学生提前经历中国法治实践中的种种状况，而不是老师或者课本上的案例，在实践中有教师的职业素养作为“教材”，有利于学生树立正确的价值观，培养学生的职业技能和职业道德，加快法学生转化为法律人的进程，从而加快法治社会建设。

（2）法律诊所教育对法律援助事业的价值

法律诊所教育从一诞生就与法律援助之间具有密不可分的关系，20世纪60年代的美国因为越南战争和种族歧视问题，使穷人受到很大的损失导致诉讼量越来越大，由于律师费用十分昂贵，越来越多的穷人急于诉讼却不能支付诉讼费用，这些社会因素给美国的法律援助事业带来压力的同时也带来了发展的动力，法律诊所作为免费的法律服务机构，理所当然被法律援助机构接受。

我国法律诊所的案件也主要来自社会弱势群体，我国作为发展中国家，对于法律援助的投入有限与社会对于法律援助的需求量之间产生了矛盾，只能解决一部分人对法律援助的需求，从中国法律援助网上2020年公布的数据来看，我国每年大约有140万多件法律援助案件需要办理，但是能够通过法律援助办理的案件很少，当前的法律援助体系不能满足人们的需求，由法律诊所教育扩充当前法律援助机构主体，发挥法律诊所教育对法律援助的辅助性作用，能够有效缓解当前法律援助体系的压力。法律诊所教育的目标之一是为社会弱势群体提供法律服务，与法律援助制度的目标是不谋而合的，法律诊所的学生通过提供法律服务，在教师的指导下提供咨询、代理案件、代写法律文书、进行调解、出庭辩论，不仅仅可以节约社会和政府运行法律援助服务的成本，同时也可以增强学生职业技能和学生作为法律人对社会的责任感。因此诊所教育可以有效地推动我国的法律援助事业的发展，维护社会公平正义，推进社会民主、法治化进程。

(3)法律诊所教育对学生的价值

第一，法律诊所教育对培养学生法律思维具有重要意义。法律是随着社会发展变化而不断变化的，法律条文和法律制度也是不断变化的，这些在学生时代也不可能穷尽式的掌握，只有在理解法律逻辑和拥有法律思维才能在法律职业道路上不断前进。法学生作为未来的法律职业者，可能从事律师，也可能从事法官、检察官，同一个案件会有不同的立场，用批判的眼光去分析案件，坚定自己的立场而不人云亦云。法律诊所可以让学生在真实的社会环境中作为一名“准律师”的思维去分析案件，通过在实际操作中灵活运用法律知识，能够用批判的思维从不同角度分析案件，从而为委托人提出建设性的意见，提高学生的创新能力。通过法律诊所可以锻炼学生作为法律职业者的批判性和创新性思维，在实际操作中深化对知识的理解，这些法律思维对每一个法律职业者都是至关重要的。

第二，法律诊所教育可以培养学生的职业技能。在法律诊所教育中，学生作为整个教学过程中的主体，在课堂教学中，主要学习在实务中掌握技巧性技能，如会见当事人提供法律咨询、调解、代写法律文书等实务操作技巧，通过课堂中真实的案例不断进行训练，教师通过引发学生主动参与，给予学生充分时间讨论案件，并且发表自己的观点：在课外实践阶段，主要是学生通过接触当事人，将在诊所课堂学习的实务技巧以及在理论学习阶段的法律知识灵活运动到实践中，“像律师一样思考”,找出案件的争议点所在并适用法律,参与案件的处理。因此法律诊所教育无论是课堂教学还是课外实践,都是依靠学生主动运用知识解决真实世界中的法律纠纷,在复杂多变的社会环境中不断地运用已学法律知识解决现实问题,从而达到理论实践融会贯通。

第三,法律诊所教育还可以培养学生的职业道德素质。法律追求的最高价值就是公平、公正,这也是每一位法律人毕生追求的价值。在普通的课堂教学中不乏关于职业伦理、律师职业素质、法官职业素质、检察官职业素质等课程,这些价值的本身超过了仅仅解决实务问题,而是让学生去思考探索法律对社会的价值,在法律诊所教育实践中,学生可能会遇到一些有关伦理问题,处理好这些问题,才能履行好作为一名称职的法律职业者的责任,这些问题是在课堂教学中难以接触和解决的,通过实践,可以让学生在教师的引导下树立正确的职业道德观,让学生了解作为一名法律职业者不仅是处理法律问题,还应当包括帮助社会弱势群体,维护社会公平正义。

二、我国高校法律诊所教育实践中的问题

传统法学教育一直被视为文科教育的一部分,因为法学从真正意义上引进中国开始就被认为如同真理一样的存在,所以,在法学教育上体现了科学主义、唯理主义倾向,强调对法律原理的理解和分析。法学一直被认为是文科教育,偏向于人文素质教育,与学习政治、历史没有区别,因此整体法学教育体系以部门法和法学科目或者国家颁布的成文法为框架,而课程体系和教材的编制紧紧围绕此框架进行建构,教材的编写基本上以抽象的法条及其解释和法律基本原理为中心,涉及对学生的启发性和实践性相关的内容很少,注重对理论知识的学习,对基本原理和制度规则进行记忆,直接导致大多数法学生直到毕业也没有接受过系统的实践性或者职业技巧的训练,长期在这种教育模式下导致法学生缺少对职业技能和职业道德训练。虽然这些年来我国传统的法学教育培养了大量的法学理论以及法学实践人才,但是近年来这种传统法学教育的弊端愈发明显。

随着社会法治化进程的加快,法学生的就业却持续亮红灯,法学

教育界逐渐认识到将法学教育定位为人文素质教育是不够的，这种教学方法会导致法学教育和法律职业相分离，法学教育界开始意识到实践对于法学教育的重要性，开始改变以往仅仅以知识传授为中心的传统法学教育模式。2000年引入法律诊所教育，其目的是弥补我国法学教育中实践性教育不足的问题，但是我国法学教育界对于这种教学模式有持支持的观点，也有学者持否定态度，认为法律诊所教育只是实践性教学的一种，没有必要夸大法律诊所教育的作用。“法律诊所是一门实践性课程，可能有别于其他实践性教学形式，但是在法学教育中的地位只是其他教学形式的补充。”[①]对法律诊所教育的性质认识不清导致在法学教育实践中对法律诊所教育的不重视，而法律诊所教育的性质取决于法学教育的性质。对于法学教育的性质，目前主要有三种观点：第一种认为法学教育就是职业教育，这种观点认为我国法学教育的目标是培养符合经济社会发展的法律职业人才，法学教育不仅包括理论化或者学术化的教育还包括对法律职业技能教育；第二种观点认为法学教育是精英教育，这种观点认为法学教育相当重视素质教育和职业教育，但是在本科阶段应当以素质教育为主，本科后再进行系统专业化的技能培训；第三种观点认为法学教育是通识教育，从根本上将法学教育等同于人文素质教育，法学教育是一种非专业性、非职业性的不直接为职业做准备的教育。对于法学教育性质的不同理解和学说之间的争论，导致法学教学中对实践性教学重视程度不同，形成不同的法学教育理论、目标、模式和方法，从而影响我国法律诊所教育的发展。在法学教育改革的道路上高校仓促上阵，部分地方高校仅仅盲目跟风，有的照搬照抄，有的将诊所教育变相成为另一种理论教学课堂，虽然都有法律诊所，但是不能准确认识法律诊所教育在法学教育中的定位，虽然有法律诊所的课程，但是教学方式是请相关法律从业者给学生讲授课程，这种法律诊所有其名无其实，甚至有些学校建立法律诊所教育的目的是完成上级给的任务，更有甚者让法律诊所成为敛财的工具，很多诊所在很大程度上还是流于形式，作为一种理

①邓薇. 法学教育中案例教学法的误用及修正[J]. 中国多媒体与网络教学学报(上旬刊)，2022(08):74-77.

论教学的点缀。此类现象导致我国法学教育止步不前,长久发展将影响我国社会法治进程。在法律诊所教育发展中的问题有些是根本性的问题,长期存在的,有些问题不具有普遍性,只是某些高校自身原因造成的,为了解决法律诊所教育中最核心的问题,笔者将讨论大多数高校法律诊所都存在的问题。

(一)法律诊所教育在我国法学教育中的定位问题

美国作为法律诊所的发源地,已经相当成熟,法律诊所教育在美国法学院已经处于遍地开花的状态,美国法学院只有100多家法学院,但是却拥有1000多法律诊所,相较于我国700多所法学院却只有200多法律诊所,我国的法律诊所教育的普及率远远低于美国,这也从侧面说明我国法学教育对于诊所教育的重视程度不够,诊所教育在我国的法学教育中的定位不够明确。法学教育培养的人才应当具备深厚的理论功底和良好的职业技能,理论和实践相结合的能力两者缺一不可,美国法学教育已将法律诊所教育视为法学教育的一部分,与理论教育具有同等地位。

我国法律诊所教育在法学教学中定位不清,严重影响法学教育实践,会导致法学教育不能向社会输送优质的法律人才,这种状况产生的原因主要有两个:首先是由于我国长期"重理论、轻实践"的教学理念的影响,在法学界意识到实践性教学对法学教育的重要性的情况下,依然将法律职业技能教育作为理论教育的辅助性教育。因此法学教育目标和教育理念深刻影响着我国法律诊所在法学教育中的定位。其次,法律诊所教育在法学实践性教学中的定位不清,大部分高校认为法律诊所教育与毕业实习两者是可以相互替代的,在课程设置上可以选择毕业实习或者诊所课程。有学者提出,法律诊所教育作为一个新生事物在法学教育中只能起到辅助性的作用,中国法律偏向于大陆法系,因此从某种程度上分析,诊所教育甚至不适合中国的法学教育,这些学者认为诊所教育的兴起是由于案例教学法、模拟法庭教学法的缺陷,但是不能够代替已有的两种实践性教学法,诊所教育只能作为一种辅助性的教学方法,相对于诊所教育,毕业之前的专业实习对学生的实际操作能力具有更大的帮助，因为实习一般安排毕业前一个学期，学生经过三年的系统学习已经对法律有基本的掌握，这时实习可以将学生之前已学的理论知识运用到实践当中，因而诊所教育是可以被替代的。这种看法忽视了实践中学生实习的角色定位，专业实习大多数是学校安排，在专业实习中学生是处于被动或者可以说是配角，从而导致我国法学教育中实践和理论脱节的情况。尽管引进了法律诊所教育模式作为法学实践性教学的补充，弥补我国法学实践性教学的缺陷，但是这些年发展法律诊所教育在各个高校的发展不尽人意。

（二）法律诊所教育的课程体系问题

法律诊所教育引进我国20年，各类高校基本上都设有法律诊所课程，但是大多数高校并不重视，将诊所课程“本土化”为课堂教学的一种，或者用专业实习代替诊所课程。法律诊所教育一直被认为辅助教义教学法的一种教育模式，在本科教育中，诊所课程一般设置在大三、大四，以选修的方式进行，主要由本校的教师或者聘请有经验的检察官、法官或者律师给学生讲授课程，授课内容大多是教师的实务经验的分享，以及在实务中遇到的各种问题，还会教授一些关于法律文书的写作，但是除此以外并没在校内或者校外设置法律诊所，这种课程设置的方式无疑是将实践课异化成为理论课。学生虽然可以在诊所老师的指导下学习一些实务操作中的知识与经验，但是这种以课堂讲授的方式并不能真正提高学生的职业技能，这种方式教学方式只会导致“纸上谈兵”。

（三）法律诊所教育的教材专业化缺失问题

在我国法律诊所课程当前还不具有与理论教学一样专业化和系统化的教材体系，诊所教育并不是只有实践，还包括课堂教育。实践教育主要是通过学生在真实的案件中作为被委托方参与，从而锻炼学生的职业技能，而课堂教育主要是教授学生关于司法实践过程职业技巧，包括各类法律中职业的执业技巧、会见当事人的技巧以及在谈判和调解技巧等。这些职业技巧是在理论课程中没有涉及，但这些职业技能在职业生涯中却至关重要。目前我国法学教育的教材大多以各个部门法为中心进行编制，这些教材编写了部分案例，但是这些案例是按照编写者和教师预设的情形，从现实案件中高度概括和抽象出来，并且这些案例具有唯一正确的答案，这与现实生活中复杂多变的情况相违背，割裂了现实案例与书本案例的关系，书本的案例过于简化，而且很多案例为了符合某一基本原理而牵强附会，使得法律基本原理与案例之间不能有机结合。我国关于法律诊所教育还没有建立系统专门的教材体系，法律诊所教师只能在摸索中教授学生，由多年的教学经验或者实务经验组织上课的内容，导致法律诊所教师在进行课堂教学时没有基准，不同的法律诊所教师的实务经验不同，并且擅长的领域也不同，学生学习的范围将会很大程度上受法律诊所教师的经验和水平限制。

（四）法律诊所教育师资专业化建设缺乏问题

我国传统法学教育对教师的选聘，主要的考察标准首先是学位，其次是论文的数量和质量，是否具有实务经验或者实务知识不是考察的标准，因为传统法学教育主要是学生传授理论知识。

第一，目前法律诊所教师的知识结构的多元化不足。随着法律教育在中国的发展，在选聘教师方面的标准需要根据具体教学目标而改变，法律诊所教师既是法学教育改革的主动参与者也是被动参与者，这一地位让教师倍感压力，因为教师不仅适应传统师生关系的变化，而且提高职业技能知识。一方面，法律诊所教师要转变以自我为主导的授课方式，变成以学生为主导的授课方式；另一方面，法律诊所教师不仅要在理论知识方面具有过硬的水平，而且还要提高自身的职业技能知识，要求具有丰富的实务经验，根据法律的更新和学生的需求不断更新教学内容。

第二，师资来源范围不够广泛，从英美法系的诊所教育发展来看，诊所教师主要来源于律师、检察官、退休的法官以及法学院本身的教师，但是就目前国内高校大多数法律诊所的发展来看，教师主要是来源于法学院本身，同时也会外聘一些兼职律师、检察官或者退休法官帮助授课，但是比例较小。

第三，师生比例不合理。当前很多学校不具有专职的法律诊所教师，大多数的法律诊所教师都是兼职教师，从国外的法律诊所教育经验分析，诊所教师与学生的比例不能超过1:8，但是我国大多数的高校外聘兼职教师的数量较少，师生比例可能超过国外师生比例的5到10倍，主要聘请的是在高校所在地业务突出的法律从业者。有的高校为了达到合理的师生比例，对参与诊所教育的学生进行选拔，通过一定的考核方式之后才能参与，而有的高校让学生在选修毕业实习或者法律诊所课程的方式来合理化诊所师生比，这些都会导致诊所教育最终成为一种精英教育，但是诊所教育作为实践必修课程是每个学生都应当参与的。因此是否具有足够的师资是影响法律诊所教育能否达到改变当前法学教育的重要因素。

（五）法律诊所教育运行资金匮乏问题

从美国法律诊所发展的成功经验可以得出，法律诊所教育可持续发展离不开充足的资金支持。每一位法律职业者的培养过程可以看成一个个产品从原料到成品的生产过程，传统课堂教学的法学教育方式可以看成流水线、批量生产的方式，所需的成本最低，而法律诊所教育的精细化生产，需要投入精力和资金要远远高于传统法学教育的培养方式。20世纪90年代初，麦考利特报告发布后，法律诊所的高成本一直为人们所诟病，该报告指出，高成本不能是阻碍法律诊所发展的原因。“美国法学院的86%的收入来自学生的学费”。法律诊所运行的高成本问题在我国同样存在。

法学教育作为文科，不论是国家财政还是民间资金支持都相对较少，并且法律诊所教育相较于传统的课堂教学是一种高成本的教育方式，实践环节的增加意味着成本也会增加。同时法律诊所的运行离不开专职教师聘请的费用以及日常人员管理费用，无论是校内或者校外的法律诊所都需要专门场所办公以及一些必要的办公设备，而又因为法律诊所是作为一种公益法律服务机构，学生作为代理人的过程中会产生相应的费用等。除了少数知名高校能够持续开展完整诊所课程外，大多数地方高校本身可以获得的经费非常有限，因为经费不足，法律诊所运行效果不佳又会导致得不到法律诊所教育的主管部门认可，而经费不足的问题会进一步加剧，这种恶性循环导致我国很多地方高校的法律诊所教育不能持续有效地发展。

（六）法律诊所学生缺乏代理身份问题

截至2019年6月15日，教育部公布普通高校学校共有2,699所，其中重点高校127所，大多数地方高校地处中小城市，相对于高校法律诊所，律师事务所和法律援助机构的数量更多并且对业务更加的熟练。美国法律诊所教育诞生地一个重要原因是为了帮助社会弱势群体，并且美国具有成熟的法律援助系统，法律诊所作为法律机构已经被法律所认可，但是在我国法律诊所处于较为尴尬的地位，法律诊所作为一种免费的法律服务机构为弱势群体提供法律服务，却没有在法律上得到充分认可。法律诊所教育的引进是为了让学生摆脱“纸上谈兵”的教学方式，让学生直接面对真实的案例，在真实的环境里作为一名“准律师”像律师一样处理案件，在实践中会接触到一些诉讼或非诉讼业务，但是目前我国法律对诊所学生作为“准律师”提供法律服务没有制度保障，我国《法律援助条例》和我国现行法未规定对高校学生作为特殊主体参与相关诉讼，使得学生想要获得代理身份较为困难，所以就我国法律规定，学生难以作为一个独立的个体代理案件。

其次，在民事诉讼法和行政诉讼法中也没有对学生主体身份进行确认。《法律援助条例》中规定援助机构可以指派人员包括律师、法律援助机构的工作人员，对于其他符合社会机构要求可以指派所属人员。其他社会组织在民事诉讼法和行政诉讼法中是指“当事人所在社区、单位以及有关社会团体推荐的公民”，否则不能作为诉讼代理人参与诉讼，因此对于“当事人所在社区、单位以及有关社会团体”的界定尤为重要。首先，对于“当事人所在社区”的界定，我国的司法解释是当事人经常居住地的村委会或者居委会，但是由于当今社会人口流动性较大，跨区域的民事案件时有发生，对于跨区域的案件，当事人涉及的案件发生地与经常居住地并不在同一区域，对于这种案件，无论是案件发生法律诊所的学生还是当事人经常居住地的学生，在取得诉讼代理人身份的问题上都需要耗费更多的时间和费用，导致学生诉讼代理身份取得带来更多的困难。其次，对于学生的诉讼代理身份通过“当事人单位推荐”取得，但是当案件争议是公民与其所在单位的争议时，学生诉讼代理的身份难以实现。最后，对于“有关社会团体”的解释，是指依法成立或经有关部门批准成立的，有章程、有名称、有一定数量成员、有经费来源、有办事机构、有办公地点的非营利性组织，主要包括人民团体、社会公益团体、文艺工作团体、学术研究团体、兴业自律团体。因此，通过社会团体的推荐使法律诊所学生成为诉讼代理人，在理论和实践方面都是可行的，但是同样具有局限性，学生能够代理的范围受限于学校与相应社会团体的协商范围。因此，现行有效法律对诉讼代理人资格具有严格的规定，没有规定法律诊所的学生可以直接取得诉讼代理人的身份，只能通过以公民代理的方式取得相应身份，使得学生代理的案件常常无法有效开展，且受案范围被严格限制。由于国家法律资格考试的改革，只有大四的学生才能参加法律资格考试，在此之前不具有取得律师资格或者基层法律工作者的身份，更加难以取得相关单位的推荐。在刑事诉讼中，学生能够代理的案件更少，我国刑事诉讼法中规定的其他公民相较于律师来说本身就甚少，而且随着刑事诉讼法的不断更新，律师在刑事诉讼中享有更多地权利，比如在审查起诉前，其他辩护人未经检察院许可不能会见当事人，但是律师可以在未经检察院的允许下会见当事人。相关法律规定直接导致学生无法代理刑事案件。

因此，法律诊所学生在我国的司法实践中处于尴尬地位，既没有作为一名律师的权利，也没有相关法律援助机构的工作人员资格，法律诊所也非法定的法律援助机构，导致学生想要从事相关代理时却不具备相应身份，一定程度上阻碍了法律实践教育的开展。

（七）法律诊所教育案源不足的问题

帮助社会边缘群体是法律诊所设立的原因之一，这一直以来也是法律诊所案源的最大来源，美国的法律诊所案源十分充足，这与美国的大环境有很大关系。美国人权观念比较浓烈，并且法律援助体系相对完善,高校的法律诊所作为法律援助已经得到制度认可,同时学生也可以作为代理人参与诉讼,这些因素都有力地推动了美国诊所教育的发展。我国法律诊所教育案源缺乏,这是阻碍法律诊所教育发展的原因之一,我国法律诊所案源缺乏的原因主要有以下几方面。

第一,与我国传统文化中"以和为贵"的思想有关,我国几千年文化中倡导的"和"文化深深影响着每一个中国人,公众发生纠纷很少会选择用诉讼方式解决,整个大环境中的诉讼相对较少,那么依靠法律诊所处理的案件更少。

第二,我国高校法律诊所并不属于法律援助机构,缺少被法律认可的"身份",在实践中往往处于尴尬的地位。在实践当中,因为我国法律诊所教育的性质只是为法学生学习实践平台,并不被法律认可为法律援助机构,同时现阶段法律诊所并不普及,公众对于法律诊所了解较少。

第三,法律诊所学生不具有被法律认可的独立代理案件的身份。法律诊所的主体是学生,这些学生大多数是缺乏社会经验的三、四年级的大学生,少数是研究生,公众对于没有社会经验也没有取得任何资质的法律诊所学生不够信任,因为涉及法律问题往往是关系切身利益的问题,学生办理案件会存在相当大的风险,与其选择没有任何经验的法律诊所学生,大多数会直接选择律师事务所咨询相关问题,不仅导致法律诊所的案源少,而且法律诊所的咨询量也很少。

第四,高校对于法律诊所的宣传力度不够,法律诊所教育在我国实践不过20年,并不是每个学校都有足够的资源开展法律诊所课程,虽然现在已经有200多所高校设立了法律诊所课程,但是不依托高校大学生法律援助中心独立存在的法律诊所很少,高校法律诊所对外宣传还处于起步阶段,整个社会对于法律诊所的性质和能够提供的服务还不清楚。

法律诊所最初设立的目的之一就是为了帮助弱势群体,如果法律诊所不能够发挥这一社会作用,法律诊所存在的性质就变了。就目前法律诊所教育的开展情况而言,在法律诊所案源本身就少的情况下,适合学生办理的案件更少,没有充足的案件让学生在实践中操作,学生的实际操作能力不能够得到提高,那么法律诊所的存在就会逐渐失去原本的意义。

三、国外法学实践教育比较研究及借鉴意义

西方法学教育发展历史悠久,一般认为西方法学教育从11世纪始于波伦亚大学,经过近10个世纪的发展,西方的法学教育和法学体系一样各具特色。虽然英美法系和大陆法系在法学教育体系上有很大差别,但是也有相似之处,就两者的教育模式的演进史分析,法学教育向职业化教育发展是两大法系教育发展的主要趋势。大陆法系的法学教育一直以理论教育为主,课程体系中主要是法学专业课程和其他人文科学课程为主,在完成理论学习后进入技能培养主要依靠在工作实践或者去高等职业学校。而英美法系中的法学教育的导向性非常明显,主要是培养特定职业的法律人才,无论是“学徒制”教学法、案例教学法还是法律诊所教育,教学形式中都体现了实践在法学教学中的作用,让学生在实践中获取经验从而学习法律知识。笔者将对英美法系和大陆法系中具有代表性的国家的法学实践性教育进行介绍,借鉴国外法学教育改革中的有益经验,解决我国法律诊所教育发展中的问题。

(一)美国法学实践性教育

美国法学实践教育经历三次变革,从“学徒制”到“案例教学法”再到法律诊所教育模式,法律诊所教育最初的形态是“法律医院”,由宾夕法尼亚大学法学院设立的一个项目,当时不属于法学院规定的课程,不能修得学分,直到1931年杜克大学将法律诊所教育算入法学院的规定课程,学生才可以通过在校内法律诊所修的学分。这个时期美国社会的诉讼案件激增,案例法教学培养的法学生弊端日益突显出来,虽然学生对法学理论和条文具有深刻理解和记忆,但是却缺乏在实践操作能力,并且这个时期的美国贫富差距越来越大,处于社会底层的边缘群体数量庞大,当时的法律援助系统已经不能满足社会需求。法学教育界开始反思法学教育的培养方式,分析以案例法教学为

主的法学教育缺陷，案例教学法不是让学生简单地适用法律，而是通过案例亲手将其中的法律原则挖掘出来，这样才能让学生切身感受到法律如此规定的原因。但是案例教学就像医学生在实践前通过标本了解人体结构，但医学生在成为正式师生之前都要不可避免去诊所实践操作，看病问诊，在实践中学习和运用理论知识，通过不断地实践才能掌握职业技能，而案例对于法学生来说也只是标本，法律诊所对于法学生来说锻炼职业技能的场所。20世纪60年代，美国法学教育界开始注意法律诊所教育方式，因为法律诊所不仅能够迅速培养社会需求的法律职业者，还能够帮助社会底层人民进行法律服务。随后20年内，越来越多的美国法学院开始接受这种教育模式。1959年，美国法律诊所委员会成立，到了20世纪60年代，在哈佛大学和耶鲁大学的带领下，美国大学全面开设诊所课程。随后又在美国福特基金的资助下，开设诊所教育的高校呈爆发式增长。1975年年底，美国有127个法学院开设了346门法律诊所课程。法律诊所教育在美国早已被纳入法学教育的框架内，因为美国律师协会要求被认证的法学院必须设立诊所课程，法律诊所是每一位法学生的必修课，法学院必须开设课程，法学教育的完整体系不仅包括教授学生理论知识，还包括教授学生理论联系的实务职业技能和职业责任感。20世纪60年代以后，法律诊所教育在美国大学迅速推广，根据U.S.News排名前100的美国大学法学院网站公布，这100多所法学院中共设有500多个独立诊所。到了80年代，学生想要涉及更广阔的司法实践范围，而不仅是帮助社会边缘群体，开始调整法律诊所的设置目标，为了学生全面发展而设置了一些基础课程，增强学生的职业技能。现在，美国大学法学院几乎都设有法律诊所课程，法律诊所教育已作为法学专业的主要课程，并且这也是美国的法学教育改革的重点。法律诊所教育在快速普及的过程中其本身也在迅速发展，从最开始只接待咨询业务到最终能够作为被委托人参加庭审，体现出美国法律诊所教育不断发展成熟的过程。美国法学教育目标十分明确，就是培养律师。

美国的法学教育教学模式是一种本科后教育，在本科学习4年后取得学士学位后，通过考试申请进入法学院学习，在法学院学习的三年主要是培养学生“向律师一样思考”，锻炼学生法律思维和学习法律实务等方面的技巧，而不再进行人文教育。学生要从事律师职业，首先只有在律师协会认证的法学院学习，才能参加之后的律师资格考试，通过考试以后才能够成为律师。

(二)德国法学实践性教育

德国的法学教育历史悠久，是大学产生之初设立的四个学院之一。德国是典型的大陆法系国家，法学教育更加注重对系统理论知识的教授，在很长时间里，德国的法学教育都是为了培养法官，而不是为了培养律师。但是随着欧洲一体化进程不断发展，对于法律职业的多样化和专业化要求程度越来越高。2002年德国通过《法学教育改革法》，主要强调德国法学教育应当转变当前的教育模式，培养具备全方位能力的多元化法律人才。

德国的法学教育分为大学研习阶段和职业预备阶段，研习阶段在法学院的课程设置分为必修课和选修课，但是无论是必修课还是选修课，都是理论教学，在完成大学研习阶段的课程后可以参加“第一次考试”，第一次考试分为大学考试和国家考试，分别由学校和州组织，如果一个学生两次没有通过国家考试，则不能参加实习，这也意味着学生不能从事法律职业，重新选择专业，所以第一次考试主要是为了检验学生在研习阶段的学习成果以及学生是否有资格参与职业预备阶段，对于通过“第一次考试”的学生，可以进入职业预备阶段，成为一名准法律职业者进入司法机构、律师事务所、政府机关、公司学习实务经验，学生在实务部门会安排专业人员进行指导，并且能够以“准法律职业者”独立承办案件，比如在法院实习的学生可以参加合议、起草判决，在检察院实习的学生可以出庭提起公诉，在律师事务所实习的可以独立代理案件。在完成最后一个阶段的实习后，学生才有资格参加“第二次国家考试”，通过考试便可以成为从事相关的法律职业。

从上文中对德国法学教育的介绍，可以看出德国的法学教育分为理论教育与实践教育，虽然两者明确分开，但是学生可以在正式就业之前有足够的机会去实务操作，而且这种实务训练是强制性的，因此是否在法学教育的第一阶段设立法律诊所教育或者其他形式的实践性教学模式显得不那么重要。在德国整个法学教育需要7年时间，虽然德国法学教育花费过长的时间去培养一名合格的法律职业者，但是经过这种长时间的训练培养出来的法学生，经过长时间的实务训练，能够很快胜任各种法律职业。

（三）日本法学实践性教育

目前，日本法学教育培养法学人才的模式主要有三种，本科阶段的法学部教育模式，硕士阶段的研究教育模式以及本科后的法科大学院教育模式，前两种教育模式都是传统的教育模式，注重学生在法学理论知识的学习和研究，很少关注法学实践性教育，并且日本法学生为了从事法律职业需要花费大量时间通过司法考试，可能需要花费几年时间才能通过司法考试，而且通过率很低，导致很少学生为了从事法律实务而准备司法考试，大部分法学生从事非法律职业，导致社会中法律实务人才缺乏。并且日本传统法学教育与中国法学教育一样强调理论教学而忽视了实践性教学。在日本最近一次司法改革中，日本政府意图通过改变当前法学教育为社会提供足够的法律职业人才，改变日本法学教育与“法曹”实务人才之间脱节的状况，从而引进了美国的法律博士（Juris Doctor）制度，建立日本法科大学院制度。在引进美国法律博士的培养模式，同时保留了日本的传统法学教学中的本科教育，本科教育依然保留，因为法学本科教育属于素质教育，为社会培养了大量的具有法学素养的人才。

日本法科大学院制度设立的目的是在短期内培养大量符合社会需要的实务人才，法科大招生的范围是本科毕业生包括法学生毕业生和非法学毕业生，面对不同的法学和非法学专业的学生学制是不同的。法科大学院在课程安排上，取消了法学理论课程但是增加了与法学相关的课程，如管理、经营、经济方面的课程。在法科大学院制度被推广的过程中，临床法学教育逐渐被日本法学教育界所接受。日本临床法学教育的主要形式包括三种，分别是：法律诊所教育，模拟课程和课外实习。诊所教育是引进美国的法律诊所教育，学生在法律诊所中培养学生的职业技能，模拟课程是利用加工过的案例让学生角色扮演，课外实习一般安排在最后一学年，将学生安排到法律实务机构实习。日本法科大学院制度2001年开始确立，与我国法律诊所教育引进的年份相近，时至今日已有20多年，但是开设法科大学院的大学越来越少，最高峰的时候有79所，到现在只剩不过一半。可以说日本引进的法科大学院无疑是失败的。

（四）法国法学实践性教育

法国的高等教育实行“二元制”，在大学教育之外又设置大学校，进入大学学习只要通过高中的会考（BAC），大学实际上是普及高等教育的表现，而进入大学学习则需要更加严格的筛选，属于精英教育。法学教育学位分为学士、硕士和博士，取得学位所需的时间分别是3年、5年和8年。在法学本科教育中，开始的两年是不分专业方向的，属于通识教育，第三年才开始分专业方向，整个本科阶段都属于法学基础教育，这个阶段主要是通过教授法学基础知识；在硕士教育中开始体现对法学教育的目的性，硕士教育分为学术教育和职业教育，对于不同择业目标的学生培养模式也是不同的，博士阶段更加注重对学生的全面培养，为了增强学生的国际竞争力，还设置了博士的跨国培养。法国的大学对专业课程设置具有很大的自主权，由大学内部的“教学科研单位”根据大学的人才培养目标自主设置，虽然各个大学具有自主权，但是在各个大学法学基础课程大同小异，主要包括法学基础原理课程、以部门法为核心的课程以及外语和计算机课程，本科阶段基本可以说没有分专业，在硕士阶段才开始细化专业，课程设置多样化，除了在基础课程之外，还设置了跨学科的课程。在授课方式上主要有讲授课、辅导课和实际应用，但都是传统的课堂教学。从上文描述可以发现，法国的法学大学教育中没有实践课程，只有案例教学和对法院判例研读，因为法国的法学院不承担任何职业教育，职业技能的培训从学生毕业后参加报考国家、地方或者律师工会组织的竞争性考试，通过考试之后在进行职业化的培训，报考法官或者检察官的通过考试之后,需要在国家法官学院接受两年的法官基础教育和17个月的实习。从事律师或者其他法律自由职业的人员,需要在有律师公会组织的律师学校学习和实习18个月,在律师学校结束时考试通过可以获得律师资格,便可以从事相关的法律职业。因此法国法学实践性教学不由法学院承担,而是由专门的机构承担,在大学阶段主要是培养作为法律人的基础素质。

(五)国外法学实践性教育的借鉴意义

第一,重视法律实践性教育,改革当前法学教育。通过对两大法系中典型的国家法学教育分析,可以发现在各国的法学教育模式中虽然存在很大差异,但是各国在教育变革中都是以法学教育职业化为导向,职业性是法学教育的根本属性,而法学教育的职业性是通过实践教育体现的。美国法律诊所教育模式之所以可以成功,根本原因在于学院式的法学教育在当时已经不能满足市场需要,法学教育与法律职业背离,诊所式法律教育模式弥补了教育和实践之间相背离的情况,法律诊所教育以市场需求为导向,让学生在真实的环境中,通过经验学习职业技能和培养职业素养,同时培养学生的社会责任感,现在美国的法学教育目标明确表示就是培养律师人才,将诊所教育作为美国法学实践教育的主要形式,明确的教育目标为美国培养实务人才作出了重大贡献。日本的法科大学院是引进美国法律人才培养方式,也是改变为了一直以来实务和教育脱节的情况,在教育目标上同样是为了培养法律实务人才,但是与美国的法学教育目标不同,日本的法科大学院是为了培养从事各种法律职业的人才,而不仅是律师。同时,日本法学实践教育的司法研修所并没有被法科大学院完全替代,只是有法科大学制度承担了法学实践的部分职能。法国和德国的法学实践教育形式与美国以及日本不同,德国和法国是典型的大陆法系国家,更加注重对法律逻辑思维的培养,实践教育在经过系统的理论教学之后,通过相应考试才能进入职业教育的学习,同时根据学生的自我规划有针对性地进行职业技能的实践教育培训,由专门的机构培养专门的职业人才,有区别和有针对性地培养法律人才,能够更好地促进法律人才的专业化。德国和法国的法学教育目标更偏向于通过实践教育培养出各个行业的法律职业从业者,而不是某一方面的法律职业从业者。因为当前我国没有在法学生成为正式的法律人之前的职业技能教育,因此我国进行法学教育改革时,要根据现有国情合理安排实践教育在法学教育中的比例,首先要明确法学教育的目标,结合法学教育本身的特点,不仅要注重对理论知识教授,还要重视实践教育,要改革当前法学教育,首先要增加实践性教育在法学教育中的比例,法律诊所具有能够填补我国当前法学实践教育缺失的重要功能,要促进我国法学教育发展完善,必须推进法律诊所教育在我国发展进程。

第二,加大实践教学在课程体系中的地位。霍布斯说过,法律的生命在于经验而不在于逻辑,只有脱离抽象的理论和简化的案例,走向实践,才能深入理解法学理论的力量,才能提高职业技能。美国和日本的法律诊所教育,都是在理论教育的过程中同步进行实践教育,实践课程在设置上循序渐进,做到理论和实践相协调,法国和德国的实践教育独立于理论教育,但是并没有弱化实践教育在法学教育中的地位,而是强调了实践教育作为法学教育的重要性,从事相应法律职业之前必须进行职业教育,将实践教育专门化成为独立课程体系,有利于对法律人才的专业技能的培养,无论是美国的法律诊所教育和日本的法科大学院,还是德国和法国的专门实践教育职前教育,体现了法学实践教育在法学教育中的重要性,实践教育具有不可替代性,与理论教育具有同等地位,但是我国法学教育中长期忽视实践教育课程在法学教育课程体系中的比例,不利于培养符合社会需求的法律人才,因此我们应当扩大实践教育在法学教育中的地位,将理论教育和实践教育置于平等地位,重视法律诊所教育在我国法律人才培养体系中的地位。我国现行的法学教育没有像德国和法国的独立实践课程,引进了美国的法律诊所教育作为我国法学实践教育的补充,但是在实施过程中因为各种因素导致法律诊所课程不能真正发挥作用,我国法学教育改革依然任重道远。

第三,要合理地移植国外的实践性教学经验,不能照搬照抄。日本在借鉴美国实践性教学中，脱离了本国国情实际情况，没有考虑实践性教学在资金、教师、政策等方面的要求，一味地照搬照抄、机械移植，导致日本法科大学院生源缺乏，日益衰落。因此我国在发展法律诊所教育时，要注意结合我国实际发展法律诊所教育，不能盲目照搬美国的法律诊所教育模式，要结合我国实际情况合理学习。

四、针对我国法律诊所教育问题的完善措施及创新发展途径

（一）完善法学教育体制树立理论和实践并重理念

要改变我国法学教育中实践性教学长期不被重视的局面，首先改变法学教育理念。中国法治化进程需要大量法律人才，法律不可脱离社会而发展，无论是法学科研人员还是法律实务人员，都不可能脱离社会实践。我国法学教育一直重视理论教学部分，实践性教学被认为是辅助理论教学的课程，这种教学观念忽视实践教学在法学教育中的地位，因此要改变法律诊所教育在法学教育中的定位，改变法学教育的理念，坚持理论和实践地位平等，实践教学同步理论教学。

法律诊所教育模式能够有效填补我国法学教育与法律职业之间的鸿沟，将理论和实践相结合，法律诊所教育主要是以培养学生法律道德、职业责任为核心，让学生在司法实践中运用法律并了解法律体系，以及现实中案件中发生的不可确定性和独特性。理论教学和实践性教学是法学教育中两种并行的教育模式，不能有所偏废，实践性教学主要体现的是在真实的环境中让学生实践学习，在这一点上法律诊所教育模式不可替代，而在我国长久流行的专业实习实践性教育模式并不能做到这一点，专业实习与法律诊所教育之间的区别将在下文详细阐述。要培养应用型法律人才，必须坚持做到理论教学和实践教学相互交融，二者做到同步，合理配置理论课时和实践课时，做到两者相匹配，保证学生在毕业前能够不间断地同步实习。虽然当前对传统法学教育已经做了相当大程度的改革和尝试，但是绝大多数的改革和尝试局限在细枝末节上，没有对法学教育彻底的反思，填鸭式的教学方式依然在继续进行，甚至将诊所教育也异化成为一种填鸭式的教学

方式。

其次,要明确法律诊所教育在法学实践性教学中的定位。厘清法律诊所教育与专业实习之间的区别,法律诊所对于实践性教学的不可替代性。专业实习和诊所教育都属于实践性教学方式,可以让学生在实践中运用已经掌握的法学理论知识分析和解决在司法实践中的问题,我国各类高校的法学院设有专业实习课程且作为必修课,专业实习课程一般安排在最后一学年,为期3个月到6个月,如果在没有设置诊所教育的情况下,这样的实习无疑是弥补课堂理论教学最佳手段,通过实习学生可以锻炼法律职业技能和法律职业道德,诊所教育也是将理论运用到实践中的过程,从这种程度上来说,法律诊所和专业实习具有相通之处,都是为了改变一直以来法学教育中理论与实践脱节的问题。但是专业实习与法律诊所教育最大的区别就是学生在两种教育模式中所处的地位。在法律诊所教育中学生是一切教学活动的主体,诊所教育是为了培养学生具有承办案件的能力,而专业实习在实际操作中并不是教学活动的主体,只是配角,在实习中学生一般会被安排在法院、检察院或者律师事务所,在实习中常见的工作为整理卷宗、装订材料和复制文件等没有技术含量的工作,学生在实习过程中很少有机会独立处理案件,接触更多的是已经形成书面材料的案件内容,而且专业实习一般由学校安排,一个学生想要在不同的实习单位实习,通过在不同的单位了解不同的办案角度和办案角色,几乎是不可能,所以学生很难通过实习来定位将来想要从事的法律行业。而法律诊所教育模式中,学生是教学活动的主体,独立办理案件,对当事人负责,教师只是一个辅助者和“引路人”,通过办理真实的案件,获取经验和职业技能,充分发挥学生的积极性和主动性,师生的角色无形中发生转变。因此诊所教育与专业实习具有不可替代性,虽然两者在教学目标上具有一致性,但是实际上法律诊所教育更加符合实践性教学的要求。

(二)法律诊所教育课程体系问题的完善措施

法律诊所教育模式是一种教学方法,虽然美国法学院现在几乎都设置了法律诊所课程，但是不同的学校教学模式也不同，根据不同学校的实际情况制定符合自身定位的教学体系。现在美国的法律诊所大致可以分为：第一种是校内法律诊所，主要由法学院设立负责管理，并且主要由法学院教师指导学生办理案件，这种法律诊所在美国最为普遍；第二种是校外法律诊所，这种法律诊所独立于法学院，主要是与律师事务所合作成立法律诊所实践基地，由所在机构的人员负责指导学生具体案件的办理；第三种是模拟性诊所，大多数诊所在学生正式进入实践学习前都会采用这种教学模式，运用真实案例，模拟环境让学生进行分工合作、角色扮演，从而对职业技能和职业素养进行训练。美国不同的学校根据实际情况对选择不同的诊所模式，没有最好的教学模式，只有最合适的教学方式和教学理念。从宏观看，为了保障法律诊所真正发挥作用，保障教学的效果和教学的质量，法律诊所的监管部门可以就核心课程统一标准，防止各种异化法律诊所教育的现象出现以及出现滥竽充数。法律诊所教育作为一种实践性教学和理论性教学一样，应当具有系统性课程体系，法律诊所课程应当包括课堂教学和课外实践教学，整个课程体系应当是贯穿学位教育。对于课堂部分的教学以训练职业技巧为主，包括案件的策划、会见当事人的技巧、法律文书的写作技巧、调解和谈判的理论和技巧以及诉讼的技巧等，课堂的训练方式可以由法律诊所教师提供一些真实的案例，让学生基于真实的案件，作为案件中不同角色设计承办案件的流程，预测在办理案件时可能会出现的问题和困难，就这些问题引导学生讨论和发表观点，然后由学生总结如何应对同一案件中不同角色遇到的法律问题。最后由法律诊所教师对学生的行为进行评价并进行提问，通过诊所教师的评价和提问，帮助学生形成反思自己理论学习的不足和自己职业行为的习惯，让学生在反思中提高职业技能。在诊所课堂教学后，学生通过学习系统的基础技能培训后，进入法律诊所教育的实践阶段。法律诊所教育的实践阶段要求摒除一切虚拟的方式，学生要在特定的诊所内进行学习。在初期，学生在面对真实复杂未经加工案件事实，可能会无所适从，诊所教师应当给予学生各方面的支持，制定相应的指导手册，指导或者向学生展示在具体案件中应当怎样做。在深入学习与接触的案件变多之后，学生对教师的依赖程度降低，教师可以在甄别案件的复杂程度后让学生自主代理案件，教师在学生代理案件时在不损害当事人的前提下尊重其自主性。

法律诊所教育的实践课程设置需要体系化、系统化，并不是在学位教育的最后一个阶段的实习或者异化的理论课堂教学，像英美法系中一样建立符合国情的诊所教育模式，目的是对学生的案件阅读能力、写作能力和写作技巧的培养，构成一个完整的课程体系，不同课程之间互为目标和基础。

（三）法律诊所教育中教材专业化的问题完善措施

对于法律诊所教育教材专业化的缺失问题，首先要明确教材应当根据诊所教育的教学目标和教学内容编写，诊所教育具有特殊性，比较灵活，主要是培养学生的职业技能、职业道德和职业责任感，但是教材的编写不能成为诊所教育发展的束缚，成为固定的模式，而应当在诊所课程发展中不断更新与发展，同时要结合教学目标，教材应包含法律执业中各个职业的职业技巧和法律人应具有的职业道德，强调学习方法和学习技巧。在编写法律诊所教材时，要结合法学理论界和实务界专家共同完成，实务界的参与可以将司法实践经验编入教材，不仅可以使教学目标更加清晰，也可以让诊所教师了解教学的重点和难点，此类教材具有更强的针对性，当然法律诊所教师也应当参与编写本校的教材，教师可以将自己的实务经验总结成理论，编写教育教程，不仅对学生的教学具有重要作用，而且对其他学校具有借鉴作用，法律诊所教育理论在良性循环中不断地发展。

（四）法律诊所教育师资专业化问题的完善措施

法律诊所教育主要为了培养学生职业技能，通过在诊所教育学习让法学生成为符合社会需求的法律人才。因此首先要转变教学理念，从传统的单向灌输教学方法变成以学生为中心的双向交流教学法，教师需要更多思考诊所教育对于法学教育改革的意义，同时也要关注诊所教育对于培养社会需求的法律人才，教师对诊所教育甚至对于整个法学教育改革和社会法治建设的意义，因此教师必须在教学中不断进行自我提高。

第一，在选聘法律诊所教师时要改变以往的标准，不以唯学位论、唯论文论，不仅注重教师的理论知识水平，还强调教师的实务水平、生活经验、个人素质等，并不意味要求教师是门门精通的“通才”，而是要求教师具有一定综合能力的基础上擅长某一领域。同时教师应当增强自身知识结构的多元化，因为法律诊所教育没有相对系统化的教材，对教师本身的素质要求更高，课前备课教师只有通过不断总结教学经验、实务经验以及当前的实际情况，决定诊所教育课堂授课的内容。无论在课堂授课还是诊所实践，在整个教学过程中以学生为主体，让学生在代理案件中自发学习和运用理论知识，教师只是“引路人”，引导学生去寻找答案，这是教师应当时刻坚守的原则，在引导学生的过程中教师自身的品质如职业道德素质、职业责任感、待人接物等都将会成为学生学习的“教材”。对诊所教师的选择时，要注重教师的知识结构的多样化和综合素质，此外，学院可以指派教师定期去司法部门挂职，提高实务操作能力，以实务变化为导向从而不断更新教学内容。

第二，诊所应当吸收来自社会各界优秀的法律实务专家，扩充兼职诊所教师的数量，同时要鼓励法学院教师走向实务，主要包括“走出去”和“引进来”两个方面。“走出去”是指吸收更多的法学院教师进入诊所，让更多的学院教师走出理论圈子，走进实务圈。法律诊所教师大多数由律师、检察官以及法官兼任，他们除了兼职教师还有本职工作，因此日常运行需要的师资来自学校，将一些对实务不熟悉的教师纳入诊所也可以一定程度提高职业技术水平，为诊所教师提供后备力量，同时法学院本身的教师可以承担诊所的管理和学生指导工作。“引进来”是指可以聘请在全国实务界具有突出业务能力的专家开展专题讲座或者直接授课，注重引进律师行业人才进入诊所教师行列。“引进来”包括引进司法机关业务优秀的公职人员和引进律师行业优秀的人才。司法机构的兼职教师可以为学生提供一个全新的角度，因为往往学生代理或者接受咨询时接触的都是当事人的角度,很难从司法机关的角度接触案件,聘请司法机关的公职人员作为诊所的兼职教师,可以让学生直接了解案件办理的流程,因为有些问题是无法从律师的角度获得。当然大部分法学生毕业之后从事的是律师而非进入公检法,法律诊所也是为了培养学生像律师一样思考,所以在聘请兼职教师时要更加注重律师教师的比例,还可以聘请国内成功诊所的教师作为专职教师,吸取成功的经验,推动本校的法律诊所教育的发展。

第三,解决当前诊所教师在教师队伍的地位问题,改变当前教师编制,将一定数量的编制给予诊所的专职教师。法律诊所教师一般是兼职教师,没有固定教师在诊所指导学生,诊所就不能发挥其应有的作用。美国的每一个法律诊所都会配有专职教师,并且美国律师协会规定,给予诊所教育的全职教师于法学院终身教师一样的职位保障,专职教师的配备为教学质量提供重要保证。聘请退休的司法机关的工作人员和退休律师作为专职教师,可以保证他们有足够的时间和精力指导学生,同时聘请在职的优秀法律实务人才作为兼职教师,尽可能地降低诊所教育的师生比,不断规范法律诊所教育。

(五)法律诊所教育资金问题的完善措施

对于法律诊所可持续发展,持续投入资金是必不可少的。如果缺少资金的支持,所有关于诊所教育的设想将只会是乌托邦。解决法律诊所资金短缺的问题可以从以下几方面入手。

第一,相关教育部门应当将法律诊所教育纳入国家法学教育体系,为法律诊所教育发展提供专项资金支持。法律诊所教育能够在美国迅速推广,离不开政府对法律诊所教育的支持。公立高校主要依靠政府拨款,而私立高校则依靠捐赠资金。而我国的法律诊所教育并不是作为法学教育中的必修课程,而是作为选修课程存在,法学教育改革首先增加实践课程的比例。实践课和理论课要平等对待,而作为实践课最核心的法律诊所教育,应当作为一门必修课,每一个法律职业者应当接受诊所教育,只有由上向下确立法律诊所在法学教育中的地位,为高校法律诊所设立专项资金,从根本上维持法律诊所教育持续发展。第二，学校要积极申请相关项目基金，将法律诊所教育发展成为精品课程，申请校级精品课程基金、省级相关课改的项目基金。完善当前法律诊所教育，充分发挥诊所教育在培养法律人才方面的积极作用，将法律诊所教育规范化，让社会看到法律诊所对法学人才培养的实效。第三，整合各项实践性教学资金，集中资金发展法律诊所教育。诊所教育分为校内法律诊所和校外法律诊所，校内法律诊所主要依托法学院，由法学院进行管理，法学院聘请的教师指导学生实践学习，而校外诊所主要指法学院与一些司法机关、企事业单位合作，将学生安排在单位内实践。对于校内法律诊所主要由学校和法学院提供资金支持，学校和法学院通过设立法学实践性教学的专项资金，支持校内诊所的发展，对于校外的法律诊所，可以由承接的单位资助，承担相应的费用。此外可以将已有的法律实践课程进行整合，比如将专业实习与法律诊所结合，法律诊所的实践范围要大于专业实习，将两者整合可以降低课程的运作成本。最后，争取相关社会援助性基金会和校友的支持。

（六）学生代理身份的完善措施

第一，在现有的法律范围内，让学生在法律诊所教师的带领下参与案件办理。诊所大部分教师都是兼职，他们的本职工作一般是检察官、法官或者律师，所以在诊所教师的带领下，参与办理教师当前正在处理的案件，诊所学生在没有相关身份的前提下，也可以最大范围地接触到真实案件，带领学生参与整个办案过程。在指导下不断地接触真实案件，可以提高学生的法律职业技能。

第二，完善相关法律让诊所学生取得独立代理案件的身份。美国各州法院为了支持学生能够参加庭审制定学生出庭的规则，对学生出庭规定相应的条件，包括已经取得相应成绩、达到一定学时和完成相应课程，并对学生出庭的质量进行监督，要求诊所教师进行指导和对学生的职业道德进行规范，诊所学生便可以在诊所学习阶段独立作为代理人承接案件。我国法律可以出台相关规定，让学生具有独立的办案身份，因为诊所学生只有在亲自会见当事人、提高法律咨询、代理诉讼、进行调解的过程中才能将所学的理论知识真正地运用到法律实践当中，法律诊所对于提高学生职业技能的目的才能实现。但是目前我国没有相关法律给予诊所学生独立的“准律师”身份。我国相关法律法规规定，具有高等院校法学本科以上学历，从事法律研究、教学等专业工作并具有高级职称或者具有同等专业水平的人员，申请律师执业的，经国务院司法行政部门按照规定的条件考核批准，授予律师资格。

（七）法律诊所教育案源不足问题的完善措施

第一，由于目前高校的法律诊所知名度还不高，并不知道法律诊所的性质和功能，所以最先解决的应当是扩大法律诊所的知名度。各个高校的法律诊所学生可以去社区街道进行普法和提供法律咨询，主动发现案源，通过普法改变当前社会中“厌讼”情绪，帮助当事人利用合法合理手段维护自身的权利，此过程不仅宣传法律诊所也为法律诊所树立了形象。

第二，对于公众对学生身份不信任而导致的案源少的问题，在上文中提到如何改变当前学生身份代理中的问题，此外要改变公众对学生印象。对于法律诊所学生承办的每一个案件都要认真对待，体现出作为“准律师”专业化水准，同时诊所教师要严格控制案件的风险和学生代理案件的质量，不能一味为了实践而损害当事人利益，要切实维护当事人的利益，取得当事人的认可，这样成功处理的案件当事人会成为法律诊所的宣传者，扩大法律诊所的知名度和影响力。

最重要的一点是与多个部门合作，首先与政府合作。地方法律援助中心是统筹管理本地区法律援助工作，但是当前的法律援助机构还不能满足社会需要，法律诊所与法律机构合作可以有效解决当前法律援助资源不足的局面，同时法律诊所也可以得到丰富的案源开展教学活动。其次与律师事务所合作，律师事务所共建法律诊所实践平台。美国法学教育一直倡导培养法学生“像律师一样”思考，美国大学的法学院与律师事务所紧密合作，不仅将律师事务所作为法律诊所的实践平台，吸纳很多律师作为诊所教师，让学生最大限度地接触真实案例。最后还可以与司法机构合作，让学生参与到案件中。除此以外还可以和社会援助机构合作，与援助机构合作可以取得多赢局面，不仅帮助弱势群体，也获得了案源和培养学生作为法律人的社会责任感。

（八）法律诊所教育与互联网结合的创新发展探索

法律诊所教育在我国本土化的过程中，一直存在各种问题，导致诊所不能真正发挥作用。首先，设立实体法律诊所需要一定的资金，这也是现在大部分高校面临的问题，高校资金缺乏导致不能有效运行管理诊所；其次，由于法律诊所教育不能有效运行，导致其知名度低，宣传力度不足，直接影响法律诊所案源少；最后，设立实体法律诊所的服务范围是有限的，可能仅限于高校所在地。实体法律诊所因为资源的缺乏已限制法律诊所发展，导致法律诊所无法发挥作为免费法律服务机构的社会功能。法律诊所教育同样可以借鉴医生在网上问诊的方式，高校可以通过建立法律诊所网站、法律诊所微信公众号等方式建立虚拟法律诊所，有效弥补当前实体法律诊所运行的问题。下面就在利用互联网建立法律诊所的形式进行探讨。

1.法律诊所教育案件的获取与处理

高校建立法律诊所教育网站，向全社会开放，设置法律服务栏目，在网站上告知提供法律服务的渠道，可以包括电话、微信、邮箱、留言等形式，通过相关渠道取得联系为需要法律帮助的个人或者组织。在获取相关案件后，网站向法律诊所的师生发布相关信息，在诊所教师评估筛选案件是否符合学生办理后，将符合学生办理的案件公布出来，再由学生承办相关案件，对于异地案件会见当事人的可以通过网络视频的方式。对于学生承办的案件要在相关网站全程公布案件的进程，诊所教师可以不受时空的限制通过在网站上指导学生。基于网络的法律诊所也不再受到年级的限制，高年级学生和低年级都可以参与法律诊所实践活动，不同年级的学生可以选择符合自己当前水平案例进行办理，其他学生也可以对相关案件的办理过程进行讨论和评价。办案过程全程在网站公布有效地控制了学生承办案件的风险问题。最后，在网站形成相关经典案例为之后模拟法律诊所提供案例资源。

2. 线上法律诊所的开展形式

当前实体法律诊所由于受到资金和运行模式问题限制，案源少且单一，同时法律服务的形式也相对简单，范围较小，将法律诊所平台延伸至网络平台，不仅可以丰富原有的法律服务内容，还可以增加新的法律服务内容，同时也突破实体法律诊所带来时空限制、资金限制等问题。

第一，线上法律诊所继续提供关于诉讼相关的法律服务。实体法律诊所主要是提供法律咨询服务和文书代写服务，目前法律诊所学生身份因为在法律制度上的缺陷，很难独立代理案件参加庭审，线上法律诊所将继续提供这两项法律服务，不过变线下直接接触为线上提供法律咨询服务，同时根据实际情况综合线上线下提供法律服务。

第二，线上法律诊所可以开展非诉业务。非诉业务主要是针对企业，在实体法律诊所中往往很难接触这类案件，并且案件较复杂、风险性较大，将非诉业务转移到线上由诊所教师和同学共同实时监督会远远降低风险。之前法律诊所主要对象是社会弱势群体，将非诉业务纳入法律诊所的服务项目中，可以拓展法律诊所业务范围和服务对象，非诉业务主要包括帮助小微企业进行合同起草和审查，以及审查企业规章制度的合法性等业务。

依托互联网作为法律诊所教育开展的平台，不仅可以争取获得更多案源，也可以拓展法律服务的方式。线上线下相结合不仅有效地为公众提供法律服务，也拓展了法律诊所教育发展的深度和广度。

第三节 法学教育中的研究性学习方法

一、研究性学习理念概述

(一)研究性学习理念的含义和特征

1.研究性学习理念的含义

研究性学习是一种理念还是一种学习方式?很多学者对此展开研究。研究性学习在我国高等教育教学体系中应是一种新的知识观、课堂观与教学观。[①]也有学者认为,研究性学习理念是一种新的学习观,强调学习的自主性和开放性。但是这不是说完全只是依靠学生的自主性让学生以一种新的学习方式独自完成学习任务。也需要教师以一种开放性的观念,采取适宜的方法引导学生发现问题、探索问题和解决问题。近些年,很多学者逐渐认识并提出了“研究性学习是一种理念”,不仅指一种学习方式。

从字面理解,所谓“研究”是对事物本质和规律的一种深层的探究,是追问和思辨的结合。所谓“理念”指的是一种完美的或指导性的观念思想形态,反映了事物的发展趋势,指导事物趋向完美。“研究性学习理念”指的是用探索、思辨、调查、分析的方法寻找事物的本质和规律的创造性的学习观念或思想形态。

从学者研究的结果和研究性学习最终要实现的目的来看,笔者也倾向于将研究性学习作为一种理念研究。因为研究性学习作为一种理念是一种宏观意义上的指导观念,理念可以指导实践,是实践活动得以开展的源泉。不仅包含了教师应当如何在研究性学习理念的指导下改变以往的教学策略,积极主动地引导和配合学生主动地去发现问题、探究问题、解决问题,也把更多的主动性交给了学生,让学生学会自主地去学习、去发现、去创造。同时也促使我国本科阶段教育在

①武新华.法学本科教育中研究性学习理念及其实施[D].贵阳:贵州师范大学,2014:21-22.

课堂形式、教育目标、课程设置、学校管理机构及规章制度等做出相应的调整或改变。所以,笔者认为把研究性学习作为一种理念研究能够更深入、更全面、更有效地促使我国本科教育教学阶段取得新的突破,对于培养更加全面的人才有重要的意义。

法学是一门研究性很强的学科,所以法学本科阶段应该培养更多的能对法律加以思考的人才。加之经济发展,社会对所需人才要求的提高以及法学专业就业率低的现状,使法学教育面临更加严峻的挑战,而研究性学习理念正是培养新型法学人才的重要指导观念。同时全球化教育改革也提出了研究性学习的发展方向。汪习根教授指出,我国法学教育应当紧跟社会发展及全球化法学教育改革的大趋势,将研究性学习适时的引入我国法学教育中来。研究性学习不是科学研究与学术探讨的代名词,而是以问题研究为前提,以创新能力培养为归宿在知识发生与发展的社会环境中,通过教师的指导,学生自主发现问题,然后对其思考、研究与实践的过程。在法学领域,研究性学习不仅是一种学习方式,其目的在于引导我国法学教育领域多方面的改革。如果仅作为一种学习方式存在,其范围和产生的影响势必不能追赶全球化法学教育发展的潮流。研究性学习理念作为一种宏观的指导观念对法学教育实践具有重要的指导意义,促使法学教育多方面作出调整或改变。因此,在法学本科教育中也将研究性学习作为一种理念来研究。

2.研究性学习理念的特征

研究性学习理念区别于传统的学习理念之处在于强调在研究性学习理念指导下的研究性学习本身所具有的特征。学者对此有不同的总结:赵海萍老师在《论研究性学习在高职高专法学教育中的应用》认为,研究性学习的主要特点有实践性、自主性、交互性、过程性和开放性。汪习根教授在《论中国法学教育改革的目标模式、机制与方法——基于"研究性学习"新视角的分析》中认为:第一,研究性学习能使学生个性得到释放、自由得到尊重、潜能得到彰显。第二,法学研究性学习能实现法律世界、客观世界和主观世界三者的有机统一。第三,法学研究性学习能使法学主体真正参与到法学学习中去。第四，法学研究性学习是在自主与协商的关系模式中开展的一种“过程学习”。学者赵晓霞在《大学本科研究性学习的特征》中认为，基于问题的探索、源自实践的体验、融入自由的开放是大学本科研究性学习的三个基本特征。学者邹尚智在《研究性学习指南》一书中将研究性学习的特征总结为六点：自主性、创新性、实践性、探索性、开放性、过程性。

通过学者们的观点可以看出，研究性学习把提出问题作为前提条件，把培养学生的创新能力作为最终目标，在实现过程中培养学生的自主能力、发散思维、探索精神和创造力。具体而言，研究性学习的特点是：研究性学习以学生为本位，尊重学生主体地位和个性的开发；研究性学习以学生为能力培养为出发点，注重过程的培养具有过程性、实践性和探索性；研究性学习以创新为目标具有创造性；研究性学习不局限于已有模式而是鼓励发现问题、质疑，大胆创新，具有充分的开放性。同时研究性学习理念并不是完全脱离原有的学习理念而成立的一种孤立的学习理念，而是在原有的学习理念的基础上发展而来的，因此和传统学习理念之间具有了不可分性。纵观研究性学习理念区别与传统教育理念的这些特征也决定了在法学本科教育中开展研究性学习的重要性。

（二）研究性学习的产生和在法学本科教育中的发展

1.研究性学习的产生

研究性学习是我国的一个专有名词，其来自美国教育家布鲁纳提出的“发现学习”和美国课程专家施瓦布提出的“探究学习”。“发现学习”注重的是发展学生的思维能力，通过学生主动地学习，自主发现和探究问题来提高学生的创造力。“探究学习”注重培养学生的实践能力，通过调动学生动手操作和亲身实践来对问题进行探究。这两种教育思想传到我国，我们国家并没有将二者做出详细的区分，而是将二者结合，称为研究性学习。既强调培养学生的创新思维能力，又强调培养学生的亲身实践能力。

在西方，追本溯源其实早在古希腊时期就有了研究性学习的根源。在我国,孔子的思想中也有关于研究性学习的思想,如他的教学方法中启发诱导,举一反三的思想,与研究性学习理念相似。自18世纪以来,研究性学习在西方至少被大规模运用三次。研究性学习在我国的产生,很多学者认为,在20世纪末的几十年里,研究性学习就以课外活动的形式存在了,主要是在小学和初中,通过"科技活动"或"兴趣活动"的形式,培养学生的创新能力和探究能力。但是研究性学习并没有得到有效地实施,反而发展日趋冷淡。

2.研究性学习理念在法学教育中的发展

2001年教育部颁布《基础教育课程改革纲要(试行)》,将研究性学习纳入了中小学的必修活动课中,研究性学习正式进入我国的中小学课堂。2005年,教育部提出在高校推动研究性教学,提高大学生的创新能力。之后各个大学先后开展研究性学习,如浙江大学、四川大学等。在教育部颁发文件之前,清华大学开始了研究性学习的实施,取得了一些成就。研究性学习,最先在高校的自然科学学科实施,激发了学生的创造力,取得了不小的成果。研究性学习在人文学科也得到了教师的推崇。在法学领域,学者们不断发表关于研究性学习在法学领域适用的著作。同时受国际教育改革大环境的影响,研究性学习理念逐渐被法学本科教育所接受。

全球化教育改革的趋势,促使研究性学习在我国法学领域的发展和完善。如美国法学院通过课程改革,课程设置上不局限于让学生被动接受权威的法学著作和基础的法律条文。通常学生所要阅读的材料是经典案例,或者是社会上发生的一些法律热点问题。教师在事前不要求学生必须给出答案,而是让学生独立思考与学习,在课堂上通过互动、讨论或角色模拟,分析问题、求解问题,并不断发现新问题、解决新问题。通过直接进入问题与案件解决的实践情境而探究知识。这种课程设置更能激发学生的学习热情和培养学生探究问题的能力、分析问题的能力以及展示自我的能力和大胆创新的能力。而且注重拓宽学生的知识面,开设了其他专业的课程供学生学习。美国法学院的目标是将法学院学生培养成医治社会疾病的"医生"。德国的法学教育也在试图改变填鸭式的灌输知识的死板教育，注重学生独立反映的系统领会能力和对法律问题进行有计划的深入探索的能力。让学生有更广阔的空间来学习法律，不仅仅为了通过考试而学习法条，让学生可以更自由地学习自己感兴趣的课程，拓宽学生的知识面，提高学生对法律的思考能力和解决问题能力。日本的法学教育与我国相似，日本也在积极改革，法学教育改革最先在“法科大学院”开展从课程设置、教学方法、评定标准等方面展开改革，以培养学生的全面素质为重点，改变传统填鸭式的教学方式，在学生中开展研讨、撰写小论文等活动，开展案例教学，让学生主动发现问题和解决问题。在认定与评价标准上改变简单的成绩认定标准，采用新的能反映学生能力的标准，把学生在平时学习的参与度作为认定成绩的一个重要参考。

为适应全球化的教育趋势，我国法学本科阶段也采用了研究性学习理念作为指导思想。如很多法学院校改变传统教授式的课堂模式，在课程中开展案例教学、诊所教学等模式，为增加学生的实践能力，每学期都会安排适当的模拟法庭，让学生亲身实践完成一个案件的全部过程。有的学校专门开设研究性学习课程，如中国人民大学、山西大学，在研究学习理念的指导下开设了案例研讨课。研究性学习理念在我国的法学院得到了认同和发展。

（三）研究性学习的主要内容及对法学本科教育目标的指导

1.研究性学习的主要内容

研究性学习理念作为一种宏观的教育指导思想，其指导下的研究性学习包括哪些主要内容呢？研究性学习不单单指学生在学习方式上积极主动地发现和创造，而且包括教师教学观念向研究性学习方向的转变，同时也包括了学校在教育管理方面作出相应的调整以适应研究性学习的开展。通常研究性学习包含两方面的内容，一是“研究性学习”课程；二是“研究性学习”方式。就“研究性学习”课程而言实际上就是上文提到的，教师在转变教学观念后在研究性学习理念指导下转变教学模式开展研究性教学活动，学校在教育指导思想、课程设置、教育目标及机构和制度设置等相关设施应与研究性学习的开展相匹配,所有内容要体现创造性、探索性、开放性等特点。研究性学习方式指的是学习方式从传统的教师单方面输出,学生被动接受以及学生对知识死板记忆的状态向学生主动发现问题、探索问题、解决问题的方向转变。

学者提出的研究性学习包括研究性学习课程和研究性学习方式。研究性学习课程是研究性学习理念指导下开展研究性学习的一个非常重要的环节。具体来说,研究性学习课程要求学校从大局出发,在组织管理制度等方面作出调整和切合实际的安排,以保证研究性学习的开展能够顺利进行,还包括对教师的具体要求,转变教师教育思想、提升个人知识水平和科研能力、丰富课堂教学活动尊重学生的主体地位。教师是学习活动的组织者和指导者,教师对研究性学习的深刻理解和贯彻实施是学习活动得以有效开展的重要前提。研究性学习方式的内容主要从学生的学习方法和学习态度两个方面提出要求。首先要求学生转变学习观念,不依靠老师的灌输,主动学习,善于自主发现问题和解决问题,要有一种质疑和创新的精神;其次要改进原有的学习方法,方法的改变需要老师的指导和配合,包括课堂上学习方法与课下自学的方法,要有利于开发学生自身的潜能和创造力。

2.研究性学习理念对法学本科教育目标的指导

大学存在的更高价值是为了探究真理,发现和认识真理,从而创造一个更美好的社会。大学从事的是人的教育,应该培养学生的判断能力和思考能力。如果相信创新可以带来发展的繁荣和稳定,那应该继承。创新活动只能源于有创新思维和能力的人。大学要培养具有创新思维能力和实践能力并重的复合型人才。研究性学习理念充分尊重学生的主体地位,让学生积极主动发现问题、解决问题,从而才能了解问题的本质,才能有创新有突破。法学本科教育也需要大量对法学加以思考的人才。社会的复杂多变,不是掌握现有知识就能解决所有问题,需要不断探究、不断发现新问题,解决新问题的研究性人才。研究性学习理念,就是鼓励和引导学生充分发挥自身的主动性,亲身参与探究活动,提高发现问题和解决问题的能力,学会合作与分享,增强责任意识等。在研究性学习理念的指导下，大学才能培养出更多社会所需要的人才。为了适应社会发展，法学本科教育培养的不仅仅是只懂得法学基础知识的法学“工匠”，而是要培养能够医治社会中更多复杂问题的法学“医生”。而二者的区别在于，培养的法学本科生能不能运用基础法学知识应对复杂多变的现实问题。这就要求法学本科生一定要具备理性的思维，思想要具备逻辑性、批判性和创造性，以思想的力量指导实践，从而使学生具备获取知识的能力、分析判断的能力、灵活应变的能力以及创新能力等。我国法学本科教育培养的法学本科生应是复合型人才，而这种复合型包括两个方面：一方面是培养的法学本科生自身要具备多方面的能力，能够处理各种法学中的问题；另一方面要因材施教，培养学生的个性，根据学生的个人优势，引导学生向适合自己的法律工作发挥自己的特长，从而为社会各行业培养优质的法学人才，拓宽学生的就业面，同时满足社会对法学人才的需求。

二、法学本科阶段实施研究性学习理念存在的问题及原因

在法学教育领域，无论是大陆法系还是英美法系都掀起了以研究性学习和创新能力为主导的教学改革。香港大学法律学院积极贯彻研究性学习理念，2002年实行全面改革教学模式，把以“讲授为本”教学模式转变到“以问题为本”，将“以知识为本”转变到“以技艺为本”的教学。美国哈佛大学法学院在2008～2009学年度第一次正式推出专门研究性课程“问题与理论”，掀起了100多年来最大的课程改革。德国也引入案例教学，把被动的课堂教授变为学生主动学习课堂。

我国自2005年教育部提出在高校推行研究性学习以来，研究性学习在高校的实施取得了一些成果，2010年教育部高等教育司编写出版了《研究性学习和创新能力培养的研究与示范》，阐述了北京大学、上海交通大学、吉林大学开展研究性学习取得的丰富成果。研究性学习得到了学校和教师的广泛关注，从最初的自然科学学科向人文社会学科发展。各大法学院在培养目标、课程设置、课堂模式等方面也做出

了相应调整，以期与研究性学习理念的指导思想相吻合，但是在实施中仍然存在一些问题。

（一）法学本科阶段实施研究性学习理念存在的问题

1. 学校教育管理方面存在问题

（1）法学院教育培养目标不统一

研究性学习理念倡导通过培养学生的理性思维鼓励学生主动学习，鼓励学生开放思想，鼓励学生大胆创新，以使学生各方面能力得到提高，培养社会需要的复合型人才。近些年，研究性学习在我国高校教育改革中得到学者的推崇，很多高校开始实施研究性学习理念，有些高校虽没有明确提出要以研究性学习理念作为指导思想，但或多或少也在改变传统教育理念，开始实施新的教育理念。若使研究性学习成为各高校的主流指导思想，在实施上仍然存在一些阻碍因素。笔者研究了我国高校法学院本科阶段的培养计划，发现在培养目标上存在一些有碍研究性学习得以贯彻实施的问题。笔者以研究的三个高校法学院的培养目标为例，对研究性学习实施的问题加以阐释。

中国人民大学法学院作为全国排名第一的法学院在2014年制定的本科法学专业的培养方案中指出培养目标是培养德、智、体、美全面发展的法学高素质人才，坚持"宽口径、厚基础、多选择、重创新、国际性"的培养理念，采取因材施教、分类培养模式，培养从事立法、行政、司法、法律服务等法律实务人才，从事法学教育与学术研究的研究型人才以及从事国际法律事务的涉外法律人才。吉林大学法学院2013年法学本科教育的培养方案中培养目标是以现代中国法治社会及全球化社会之建设发展对法律人才的需求为导向，立足于法学院目前的综合实力，着力培养德智体美全面发展，智识能力与健康人格和谐统一，理论素养深厚，法学专业基础扎实，政治信念坚定，法律品格高贵，对人民有真挚的同情与博爱之心，敢于担当社会公共责任，具有开阔的国际视野和创新精神，并有笃实践行能力，能够广泛胜任立法、司法、律政、法律教育、企业法务、国际法律事务等工作的高层次法律精英人才。笔者所就读的贵州师范大学法学院2012年制定的法学本科阶段的培养方案中，培养目标是培养熟悉我国法律和国家相关政策及法学教育规律，系统掌握法律知识和综合性知识，具备创新意识与创业能力、身心健康的全面发展大学生，为立法机关、行政机关、检察机关、审判机关、仲裁机构和法律服务机构培养综合性应用型法学人才。

本文研究的三所大学法学院的培养目标不能代表全国所有法学院的整体目标，但不难发现，近些年我国法学院校的培养目标或多或少受到研究性学习理念的影响，不再是在传统学习理念的指导下过多地注重理论知识的掌握，而是注重学生的全面发展，综合能力的提升以满足社会发展的需求，都提出了对学生创新能力的培养。有所不同的是，贵州师范大学最后的落脚点是培养“综合型法学人才”，吉林大学法学院的目标是培养“高层次的法学精英人才”，而人民大学法学院的目标是因材施教，尊重学生个性，培养“适合学生的多领域的法学人才”。这让笔者不得不回到陈旧但又亟待解决的问题上，法学本科教育的培养目标是什么？“精英教育”抑或“大众教育”？法学本科教育目标的确定，对法学教育中能否有效实施研究性学习起着重要的前提作用。

研究性学习理念注重的是学生在整个学习过程中有哪些收获，培养了哪些能力，强调得更多的是对学生思维的深层开发。学生在学习中被动学习的思想禁锢有没有得到解放？问题意识有没有形成？学习兴趣有没有找到？有没有敢于质疑、敢于创造的精神？先培养学生的思想意识，才能去指导实践，才能让学生在实践中各方面的能力得到提升。研究性学习理念更加注重用思想来指导实践，以此培养社会需要的具备综合能力的人才。我国各大法学院校的培养目标，虽立足社会需求，但仍然过多地强调学生对基础知识的掌握。虽培养全面发展的综合型人才，这种全面与所说的素质教育中的德智体美相符，而不是所说的研究性学习理念注重学生在思维能力上的全面开发，然后在实践上的全面应用。研究性学习的最终目的是使学生个人的潜能得到开发，有所创造。培养目标的确立是一个方向的指引，对是否需要研究性学习的指导，需要到何种程度有着重要的影响。如果是精英教育可能对法学理论的掌握程度要求会很高，那么传统的教育理念能起到不错的作用。如果是综合型的大众化的教育，需要学生具备各方面的知识和能力，那么对研究性学习的引入就多一些。如果是为了以学生为主，培养学生个性发展的因材施教的教育，那么研究性学习的适用就显得尤为必要。培养目标的不同，决定了研究性学习在我国法学院校的实施没有一个具体的程度和标准。这将使各个法学院校对研究性学习持不同的态度，对研究性学习的认识就会有所不同，不能给研究性学习理念一个具体明确的实施标准、方案和方向，从而不能发挥研究性学习的全面指导作用，使研究性学习理念无法全面实施。

(2)课程设置不全面

传统教育理念影响下，我国各高校在法学本科阶段的课程设置上以专业课和选修课为主。专业课为基础的法律专业知识课程，以老师讲授概念性的问题为主。选修课程也与所学专业密切相关，知识面狭窄。与中国大多数文科课程相同，法学的专业课程也少有实践性的课程设置，即使在某些课堂上有实践性的案例教学活动，学生也大多是按照课本上的程序，或者从网络上抄袭的内容，按部就班地进行。而且大多实践性课程都比较少，并不能使每个学生从中得到锻炼，对学生法学思维的开发影响也比较小，课程设置在一定程度上影响了上课模式。我国很多高校法学院，在课堂中会开展案例教学、诊所教学、模拟法庭等具有实践性和研究性的活动。这些活动的开展对法科学生来说非常重要，可以多方面地锻炼学生的能力，符合研究性学习理念的要求。由于课程设置上的不灵活性，使得开展这些活动的时间短、次数少、学分低、不重点考核等原因，不能使每个学生都从中受益，也不能引起学生的足够重视。

课程设置是研究性学习得以开展的一个渠道，如果没有能够提高学生思考能力、知识拓展能力、实践能力的课程，对研究性学习的开展将造成阻碍。

(3)学校机构设置及制度制定不完善

研究性学习得以开展实施要有制度的保障和管理机构的配合。

我国各大法学院校在管理机构的设置上比较单一，没有保障研究性学习得以实施的专门部门管理，致使开展研究性学习受到阻碍。例如贵州民族大学在机构设置上以各专业学科的教研室为主，山东大学本科机构设置以教学指导委员会为主，南京大学的教学管理以教务处为主。很多高校法学院在教学管理机构上的设置都比较单一，没有专门针对研究性学习实施和开展的机构存在，对研究性学习的重视不够，这也是研究性学习不能得到开展的一个重要因素。

规章制度是研究性学习得以实施的保障，用制度来规范和约束才能更有效地保障研究性学习实施。没有对研究性学习的实施作出规定，包括如何以研究性学习为指导对教师进行培训、考核，对学生开展研究性学习的评价等都没有做出相应的规定。而大多数高校以分数作为教育评价标准的制度，以分数来评价教师的教学水平和学生的学习成果。没有制度的保障，研究性学习可能流于形式。很多学校有研究性学习的活动，通过了解以及学生反映，学校是有倡导研究性学习理念，并且也有相关的课程或活动的安排，但大多没有得到有效地开展。因此，制度的保障是研究性学习开展的必要措施。很多学校有关于宿舍管理的制度，学生守则的制度，教师考核的制度，却鲜有关于研究性学习开展的制度。没有将研究性学习的开展成果与教师的考核和学生的评价相挂钩，容易使倡导的理念流于形式，得不到有效的实施。

2. 教师队伍素质有待提升

传统的教育理念影响下，教师在课堂中扮演着中心的角色。有的教师出于完成任务的心态，不管学生如何反应，也不在乎学生是否在听，只是自己在讲台上讲课。为了使法学本科阶段的教育能够真正地起到培养法学优秀人才的作用，教师首先必须转变自身的教育观念，积极主动地去接受新的知识，新的教育理念，多多考查学生的思想和需求，才能有良好的教学效果。法学专业又是理论性很强的学科，很多教师只是按照课本为学生讲授概念性的东西，课堂多枯燥生硬，不能调动学生学习的积极性。正是教师教学新理念的欠缺，不能全面地从学生需求的角度出发，有针对性、有目标性地进行开放性的教学活动，从而对研究性学习的实施起到了一定的阻碍。

教师自古肩负着传道授业的重任，研究性学习虽然强调学生在学习中占主体地位，但是教师的指导作用是不容忽视的。教师缺乏研究性学习的技能，不能对学生开展研究性学习进行有效指导，是阻碍研究性学习进行的一大重要因素。有些学校的课程设置很符合研究性学习的要求，但是也没能得到有效开展，一大部分因素是由于教师素质偏低，不能有效开展研究性学习。研究性学习的开展，必须要有高素质、高能力的教师，才能得以顺利进行。教师在课堂中不是必须扮演主要的角色，但教师必须具备组织和指导研究性学习开展的能力。

3.学生学习观念和方法落后

我国的大学生虽然步入大学这个学术开放的环境中，但是深受传统教育的影响，思维仍受到局限，往往是为了考试而学，对学习缺乏足够的兴趣。而兴趣却是开展研究性学习的一个前提条件，没有兴趣就不会对知识深入思考，也就很难发现其中的问题，更不具备解决问题的能力。传统思想教育的束缚，使得大学生普遍缺乏问题意识和质疑精神，从而养成了被动和懒惰的学习状态，更缺乏足够的实践能力。传统教育理念的深刻影响，使大学生缺乏对研究性学习的正确认识，阻碍了研究性学习在学生学习活动中的开展和实施。研究性学习若要在法学本科学生中得以实施，培养学生思维能力的全面提高，就必须要提高学生对研究性学习的认识。学生要从过去的被动的学习状态中解放出来，才能够正确的应用研究性学习方式。

本科阶段的法学学习大多是以理论知识的记忆为主，即使有实践活动的开展，也是为了使学生更好地掌握理论知识，对学生的法学思维的培养比较少。学生的学习方法大多是“听课—记笔记—背诵”。课下的自学，也大多是以课本的知识为准来加强记忆，为了考试而学习，简单记忆的学习方式使很多同学对法学中的知识没有一种质疑与探索的精神。学生的学习往往是在自学中完成，凭借书本或网络资源获取解决问题的办法。便捷的网络环境,让学生很容易获取知识,容易使学生之间缺乏一种合作交流和相互学习的能力。法学的理论性很强,很多学生都注重对理论的学习,包括教师的讲解也以理论知识为主。法学的实践性往往被忽视,这使得法学本科生普遍存在眼高手低的毛病,理论知识很强,却在面对具体案件时束手无策,这样的学习方式显然使学生缺少了实践的能力。科学学习方法的缺失为研究性学习的实施造成了障碍。

4. 司法考试产生的阻碍因素

自2002年司法考试改革以来,只有具备本科及以上学历的人才能参加司法考试,二十几年的时间里,司法考试使法学成为一门越来越"火热"的学科,即使每年的通过率维持在百分之十左右,但是每年还是有越来越多的人要去挤司法考试的大门。司法考试的改革,使其成为进入公、检、法、律师行业的一个门槛。所有法科学生从进入大学校门起,可能就已经把通过司法考试作为其本科学习阶段的一个最重要的目标。法学院校为了提高就业率或是增强学校的荣誉,把每年本校学生司法考试通过率作为宣传招生的一个亮点。部分法学专业课的课堂,教师对课程的安排都与司法考试密切相关,包括课堂案例的分析都以司法考试历年真题为准。学生同样以司法考试为标准要求自己去学习,把老师的讲授作为通关宝典,与司法考试无关的内容则置之不理。法学本科阶段的教育变成了一个为司法考试而战的司法考试培训机构,这对学生掌握司法考试的基础知识显然起到了一定作用。但是大学教育是要培养出博专并重的创造性人才,培养对知识有不断渴求的研究型人才。只以司法考试的要求来培养法学本科学生,势必会对研究性学习在法学本科生中的实施造成阻碍,过多地注重理论知识的记忆,有碍培养思维全面的法学人才。

近些年来,除了学校的法学教育外,从学校的公告栏等地方不难发现各种司法考试培训班的广告。各种类似与"专家""保过"的敏感字眼,刺激着法科学生的眼球,很多学生在大三上学期就开始报各种培训班,基本上整个大三学期都是在培训班里度过。通过调查一些司法考试培训机构的授课内容，完全以司法考试的要求为指导传授一些具体的法律基础知识。法律是一个多变的学科要随着社会发展变化而变化，部分法律问题是存在争议的，大学培养法科学生，不仅要传授一些法律的基础知识，还要培养法科学生发现争议所在，寻找争议的答案，加以深入思考。而培训班里的很多“专家”会告诉学生只需要记住答案就可以了，不必理会任何有争议的问题。大学的课堂上老师对于有争议的问题也会告诉我们绕道而行，不必去思考和理会。所以，法科学生也会认为书本上的就是真理，没有发现问题、解决问题的思想。其实，在被动的状态下强迫自己记下的知识很容易忘记，如不加以巩固，不深入理解是很难成为自己的知识。

（二）法学本科阶段实施研究性学习理念存在问题的原因

研究性学习虽然得到高等教育的普遍认同，纷纷在教育教学活动中开展实施，无论是学校还是教师、学生乃至社会环境方面都存在一些问题。分析这些问题产生的原因，主要有以下几个方面。

1.我国高校教育指导思想受制于传统教育理念

我国高校的教育指导思想受传统教育理念的影响，具有一定程度的局限性。传统教育理念指导下的教育思想注重教师的教与学生的学紧密结合，注重培养专业的知识型人才，忽略对学生思维从深度和广度的全面开发及学生综合能力的培养。教育指导思想的局限性集中体现在培养目标不够明确和统一，课程体系设置不合理。

高等教育应该站在开放、兼容并蓄的高度实施教育。教育指导思想要跟随社会的发展，培养能够满足社会需求的人才。学校很难放弃传统观念下的教育教学模式，不够开放的课堂模式和课程设置一定程度上抑制了学生主观能动性的开发。简单的专业课和选修课的设置，没有更多的拓展学生思维和提高思辨能力的课程，也少有拓宽学生知识面的其他专业知识内容的课程。课程设置较为呆板、片面，不能引起学生的兴趣，不能激发学生的思维，不能培养学生的问题意识和创新意识。由于教育指导思想不够开放，没有给予学生足够的主体地位，导致在课程设置和课堂模式的设置上存在局限，影响了具有开放性、创造性、实践性的研究性学习理念的实施。

高校教育指导思想多以培养专业的知识型人才为目标,强调对学生理论知识的传授。对社会发展缺乏足够的洞察力,以至于培养目标不够明确。注重理论知识传授的指导思想,往往会忽略学生问题意识、实践能力、创新能力的培养,而注重的是学生的知识掌握程度。不能给予学生足够的自我能力的开发空间。因此,传统的教育思想过多地注重知识型人才的培养导致高校培养目标单一,而使注重培养多方面能力得以发展的符合社会需求的人才的研究性学习理念在法学本科阶段的实施受到一定程度的阻碍。思想是实践的源泉和动力,思想观念的不完善,使得我国的高校教育不能在培养目标和课程设置等方面给予明确指导。课程设置和培养目标存在的缺陷制约了研究性学习理念在高校的有效开展。

2.传统教育体制的阻碍

我国教育受传统教育的影响颇深,若要追本溯源,从科举制度开始,我国的教育就与传统教育紧密相连。数百年来,传统教育在我国的教育体系中根深蒂固,以分数评价学生的教育方式在一定程度上阻碍了我国教育的发展,影响了学生综合能力的提高。

高等教育要与中学教育及职业教育区别开来,高等教育应该更加注重学生开放性思维的开发,培养学生对学术的质疑精神和创新精神。然而,我国的高等教育阶段,对学生的评价标准中,分数仍然占据较高的位置。期末考试,是评价学生本学期是否修够学分的标准。考试成绩是评价学生是否可评奖学金等荣誉的标准。很多学生也表示,大学的学习很轻松只需抓住考前一周学习即可,同时出现教师在考前划重点来帮助学生通过期末考试的情况。这些情况都是传统教育下教学活动的表现。大学本该是个学术开放和学术创新的地方,学生在学习活动中,要充分发挥主观能动性,提出问题解决问题,从而不断创新。然而,传统教育的影响,使学习变得枯燥乏味,学生对学习的积极性不高,缺乏创造力,学习只为应付考试。传统教育以分数为重的思想,导致我国高校教育评价体系不完善,教师考核制度存在漏洞。

3.对研究性学习缺乏正确的认识

研究性学习理念的提出，不单单是要在一些好的学校，在拔尖的优等学生中实施。部分学校错误地理解了研究性学习的特性，认为研究只能是在具有研究能力的高校和优等生中才能开展，而且更多的是在自然科学中开展。一些学校虽然响应研究性学习的号召，却并没有在课程设置、制度保障上落实，而是简单地开展一些活动，以示研究性学习的开展。而研究性学习的真正目的不是为个别学校或者个别学生的培养而设，而是为了适应社会飞速发展，在传统教育理念的基础上，提出了要培养学生更加完善的思考能力，以提高学生的创造力和适应社会的能力。

教师和学生适应了传统的“教和学”的角色分工，很难从传统的教学模式中解放出来。研究性学习虽然提出已久，却没有能得到教师和学生的普遍认同。教师的课堂模式上，受研究性学习理念的影响，会开展一些小的活动，或提出一些问题活跃课堂气氛。研究性教学活动不能只是为了教学而开展，要充分尊重学生的主体性，以学生为出发点，观察学生的兴趣和问题适时开展活动或引导学生提出问题。法学本科教育中，近期在课堂上得到教师青睐的案例教学、诊所教学等富有研究性学习特征的教学模式，取得一些成效。但很多教师，却简单地把这种教学作为教学任务来完成，局限性的案例和问题，按部就班的步骤，不能使学生的思维得以拓展。很多时候受课时的限制，这些研究性的教学方式也大都流于形式。而部分学生对研究性的学习持无所谓的态度，为了通过司法考试，很多同学并不在乎是否需要进行研究性学习。即使采用研究性的学习方式，也大多是为了应付学校或教师的要求。学生自身对研究性学习缺乏正确的认识。

4.缺乏良好的研究性学习环境

缺乏良好的研究性学习环境是研究性学习在法学本科教育中实施存在问题另一重要因素。这里的环境主要是指学校环境和社会环境。学校由于对研究性学习理念缺乏正确的认识，在研究性学习活动的开展中缺乏必要的制度和资源上的支持。由于没有特定的管理机构的存在,没有严格的管理制度的存在。研究性学习理念在教师和学生中的开展起不到有效的保障,以致教师实施研究性学习理念的积极性不高,研究性成果不明显,研究性学习的氛围不够。学校没有在组织措施上有效保证研究性学习的开展,没有做好宣传工作,没有与对学生的评价标准相连接,学生的研究性学习的热情不高。有些有能力想要进行研究性学习的学生,由于学校缺乏有效地开展研究性学习的资源,如研究性学习课程的制定不完善、研究性学习的场所缺乏和研究经费的不足,都使得研究性学习理念很难贯彻实施。

三、法学本科教育中研究性学习理念实施的对策

(一)明确高校的教育管理思想

在法学本科教育中实施研究性学习理念必须是首先明确高校的教育管理思想,思想是实践的源泉,明确的指导思想促使学校教育管理各个方面完善的根本动力。明确高校的指导思想必须着手于以下几个方面。

1.提高对研究性学习理念的认识

研究性学习理念对当代高校教育有重要的指导意义,高校的管理人员应充分认识研究性学习理念的重要性,对研究性学习理念予以全面、充分的认识。统一思想,加强领导,组织好各部门的协调配合,并对研究性学习理念予以正确的宣传和提倡。提高对研究性学习理念的认识,必须克服传统教育理念的束缚,将研究性学习理念和传统教育理念区别开来,正确认识研究性学习理念的特殊之处。传统教育思想以讲授和记忆为主的模式,对我国教育的深远影响难以突破。研究性学习理念注重的是思维的深度和广度的开发,使学生不拘泥于已有的知识,而是敢于对已有的知识质疑,通过深层的研究,运用广博的知识,提出新的认识。高校教育者只有认识研究性学习理念的价值所在,才能够形成正确的认识,并在实践中实施研究性学习理念。

法学本科阶段实施研究性学习对法学本科的教育将有重要的突破性的作用,为培养综合的、多方面的法律人才有重要的指导作用。因此,高校的管理者要认识到研究性学习理念开展的必要性。统一思

想，达成共识，将研究性学习理念纳入法学教学活动中来。学校要采取一定的激励措施，鼓励教师和学生投入到研究性学习中去。研究性学习目前在高校的实施没有统一的标准和具体的实施模式，学校要在不断地教学实践中总结研究性学习理念实施的经验和不足。不能因为实施中有困难就放弃，而是要充分认识到研究性学习理念是社会发展趋势要求下的必然产物，其实施将是教育发展的重要之路。还要认识研究性学习不是专属于某一类高等院校，某一高端学科，某一类学生的学习理念，而是适合高校教育的一种普遍存在教育理念。在法学本科中实施研究性学习是必要之举，只有提高对研究性学习理念的全面认识，才是研究性学习理念贯彻实施的思想之源。

2.明确统一的培养目标

我国各大法学院在培养目标上的不一致，导致研究性学习实施没有统一的标准，研究性学习理念不能对学生能力的培养提供有效的指导。因此，笔者认为我国各大法学院可以根据自身的实力，制定大体一致的培养目标，从而明确高校以研究性学习理念为指导的教育思想。笔者认同中国人民大学的培养目标，很多学者都在讨论我国的法学本科教育应该是“精英教育”还是“大众教育”，法科学生应该是精英还是涉猎面广的综合性人才。就如同中国人民大学法学院的培养目标，要因材施教，根据学生的能力和特点，让学生个性得到最大地发挥，然后把他们培养成法学事务型、法学研究型或法学教育型等。如果法学院的培养目标能趋于此，那么研究性学习在法学本科教育中的开展就要顺利得多。研究性学习主张培养学生的创造性思维，主张学生个性的张扬。只有符合学生特点的培养目标，才能使每个学生都能成长为真正有用的法学人才。因此，明确统一的培养目标将有利于研究性学习的实施开展，有利于培养社会真正需要的人才。

3.创设专门的法学研究课程

教育思想的明确，最重要的体现是课程体系的合理设置。法学教育中常设的法学基础课程有民法、刑法、行政法、法理学、诉讼法等核心课程。这些课程的内容大多是以概念讲解和法条记忆为主，过于理论化。如果单讲课本中的内容,必将是枯燥无味,激不起学生学习的兴趣,必须在这些课程的基础上,开设一些与这些课程有关的新课程拓宽学生的知识面和激起学生学习法学的热情。

汪习根教授在《论中国法学教育改革的目标模式、机制与方法——基于“研究性学习”新视角的分析》中提出,结合外国法学院的课程内容,可以创设新的法学研究性课程。这些课程的开设要能够引起学生的兴趣,让学生能站在不同的角色分析案例中的问题,让学生身临其境去探究法律问题,课程可以命名为“角色探究”等,其课程内容可以按角色的不同具体确定。如教师事先给出案例,告诉学生下节课要扮演的角色是律师,然后在接下来的课堂中学生都把自己当作律师然后要像律师那样去思考问题,如何接待当事人,如何了解案情,如何分析案情找出案件的焦点问题,如何搜集资料,如何预测判决结果等。学生能主动地检验学习的能力和分析问题的能力,并且课程能使有志向成为律师的学生,从中得到有效锻炼。如果下一节课的内容,老师告诉学生要扮演的角色是检察官,那么学生可以站在检察官的角度,了解检察官有哪些工作,学会检察官应当如何分析案情,如何行使检察职能等。开设这样的课程,调动了学习的积极性,学生不仅仅死记硬背一些法律知识,而是通过研究学习具备了法律职业素养、法律思维和法律职业能力。

学者王继军、李麒在《研究性理念与法学本科教育模式的创新》中提到,山西大学近年来将两学期制改成了三学期制,将每学年的前四周定为第一学期,称为“短学期”开设形式多样的研究性课程;将一些核心法律学科以专题研究、前沿问题解答、名著导读、研究方法的形式来调动学生理论学习研究的积极性;还通过与实践课程的相结合让学生在实践中研究,在研究中实践。学校大力邀请一些享有盛誉的法律界权威来学校定期做报告,通过现实的实例调动学生学习法律的热潮。对于一些没有被学校列为研究型课程的学科,学校也鼓励老师在授课时突出研究性,鼓励和引导学生多思考。

在增加提高学生学习兴趣的课程的同时,可以学习美国法学院的做法，为学生安排各种其他学科的课程，可以作为选修课让学生根据自己的兴趣选修，可以不必作为期末考查的对象，让学生在轻松自由的氛围下，尽可能多地去拓展知识面。学生仅仅学习法学知识不能应对复杂的社会问题，开设多学科课程，有利于学生以更开阔的思维和多角度地去分析和解决法律问题。

中国人民大学法学院在课程的设置上走在了我国各大法学院的前沿，课程设置主要包括六个方面：基础技能、通识教育、专业教育、素质拓展、实践教育和发展指导。值得一提的是通识教育中开设了新生研讨课、科学、人文与方法、原著原典选读、经典历史著作阅读等课程，这些课程都要修学分。中国人民大学法学院的培养目标注重因材施教，在课程安排中也注重拓宽学生的知识范围，让学生的思维更加宽泛，能让学生找到自己的目标和存在感。

研究性学习理念的贯彻实施，要从课程的设置上下功夫。课程改革是引导学生转变学习观念的关键，其改革也是对教师的教学观和学校的教育方针一个挑战，转变传统教育观使研究性学习理念在法学本科教育中得以实现。

4.完善学校机构及制度建设

明确以研究性学习理念为指导的教育管理思想，必须有相应的机构设置和制度设定予以保障。开展研究性学习，要在原有的行政管理机构上作出调整，以明确各自的权责，保证研究性学习理念能够得到确实有效的贯彻实施。如开设以校长或院长或学科带头人为代表“研究性学习学术委员会”对研究性学习的开展情况进行定期的评估或鉴定；创设校外专家组，对学校的教师和学生提供学习上的咨询或指导工作；创办“课程开发办公室”负责对研究性学习课程的开发和建设工作；“教育科学研究室”对学生的研究性学习进行指导和咨询工作。在管理机构上开设研究性学习相关的部门，是为了对研究性学习有足够的重视，各司其职有效地落实研究性学习理念的指导思想。同时学校各机构要协调配合，提供必要研究场所，研究经费和研究相应的资源。

要在制度中改进教育评价机制，使每个学生的潜能得到发挥和认同。从法学的角度出发,对学生的评价要看学生在平时的课程研讨中提出过多少有针对性的法律问题,学生收集资料的能力怎么样,论证的能力怎么样,法律解释的能力怎么样,考查学生有没有独立自主解决问题的能力。同时也要注重学生在实践中的表现能力,观察学生在实践中担当的角色,与同学之间的配合交流能力。最重要的一点是要在一学期结束后进行总结,学生通过学习研究,有没有针对问题提出创新观点,有没有研究成果等以更多的标准对学生进行评价。学校可以在对教师的考核中加入是否开展研究性学习及取得成果来全面考量,督促教师不断加强自身学习,提高知识水平和教学能力。

(二)提高教师素质

教师是整个教育过程中的主导力量,教师思想观念的提高,素质的提升是拉动教育质量的重要因素。为使研究性学习得以顺利实施,提高教师素质要从以下几个方面做起。

1.对教师进行培训

教师在教学中扮演重要角色,要使学生养成研究性的学习观念,教师必须转变教学观念。过去多数教师采用“填鸭式”的教学方法,一方面是受传统观念的影响,一方面是因为怕学生学不好,记不住。为提高教师的思想观念素质需要对教师进行定期的培训,让教师能够学习如何去适用研究性的教学方式。

学校要定期组织教师培训。首先,鼓励教师进行科研积累和科研创新。教师如果不搞科研,教育就没有了主体和灵魂,所以教师要想引导学生进行研究性学习,教师应具备一定的科研能力。其次,要推典型,邀请在研究性教学方面做得好的老师介绍经验。最后对老师的培训结果进行定期的考核,以看是否取得成效。在知识快捷更新的时代,大学生已经具备吸收知识的能力,教师的知识水平如果不够,指导学生的时候也会遇到困难。教师只有不断地学习、不断地完善自己、不断地获取知识,才能在知识发展的洪流中紧跟时代的步伐,做一名合格的教师。

2. 开展教学竞赛

学习如逆水行舟，不进则退。人本身是有惰性的，没有竞争和鞭策，久而久之便会放松对自己的要求。所以适时在教师中开展教学竞赛，可以督促教师不断学习新的文化知识，通过竞赛也可以相互学习，吸取别人的经验和长处。

法学是一个社会性很强的学科，要紧跟社会发展的步伐，随着社会生活的发展与进步，法学的内容一直在发生变化。作为大学教师、高级知识分子，对法学的研究和新知识的接受应站在知识更新的前沿。教师自身对法学知识的不断学习和研究，才能把更新、更全面的知识传授给学生。所以，教师本身科研水平和教学水平的高低决定学生受教育质量的高低。在教师之间开展教学竞赛，可以让教师查漏补缺，看到自己的不足，不断研究新的教学方案。只有对知识，对教学不断思考的教师，才能培养出对知识不断思考的人才。所以，开展教学竞赛是教师转变教育思想，不断提高自身教学水平的一个关键。

3. 鼓励教师大胆进行课堂教学创新

教师在教学中，要想吸引学生，引起学生的兴趣和爱好，需要不断进行课堂教学的创新。教师要根据课程特色和学生特点进行课堂教学创新，创新要结合学科的实际。

对法学教学而言，基于法学的社会性和实践性，教师为了使教学更加生动有趣有效，尝试了各种课堂模式的创新。教师要在现有的基础上，不断结合学生学习的实际进行创新的教学模式。例如，为了培养学生的个性和发散思维，教师可以开设问题课堂、纠错课堂，专门让学生大胆提出自己的见解和认识。

在学习活动中，仅仅掌握理论知识是不全面的。研究性学习理念所倡导的是能够让学生用所学知识去解决实际问题。在这种学习理念的指导下，教学模式也应该朝着注重实践的方向发展，多开展实践性课程，让学生学以致用。为了让教师能够大胆地进行课堂创新，除了提高教师自身的认识水平，学校对教师的课堂创新可采取鼓励和奖励机制，可以在精神和物质上对有创新的教师进行奖励，以激发教师课堂创新的积极性。创新的课堂才能激发学生创新的思维，教师的创新是研究性学习创新培养目标实现的动力。

（三）树立学生正确学习观

1.激发学生的学习兴趣

传统的教育理念，使学生一直处于一种被动的学习状态中。学生和教师之间存在明显的层次关系，学生和教师之间不能深入交流，使得学生和教师之间产生一定的距离，激不起学生学习的兴趣。鼓励学生正确地认识研究性学习，先要让学生找到自己学习的兴趣，才能对学习产生动力。动力来源于兴趣，有了兴趣才有动力去做好每一件事。激发学生学习的兴趣，关注学生学习的动机，主要从学生的尊严、自我价值两方面体现。很多学生之所以对学习持一种被动和消极的态度，大多数是因为在学习中没有找到实现自身价值的地方，没有让自己的能力在学习中得到施展，没有在学习中找到一种满足感。要把时间和精力留给学生，让学生在学习中感受自由。教师不能以达到一定的分数或是完成一定的学习任务压迫学生，而是要把学习的主动权交给学生。教师可以给出一个课题，或者让学生自由地选择一个课题，让学生尽自己最大的努力用自己的方法，找出课题的关键，总结问题的解决方案，然后老师再加以点评，让学生尽可能地去自由发挥，老师要给予肯定和支持。学生感受本身在学习中扮演着重要的角色，研究成果对学习任务来说很重要，能够在学习中得到自我的满足。这样才能激发学生不断去学习，不断去深入研究的积极性，才能在潜移默化中由被动变主动。这是贯彻研究性学习理念的重点，研究性学习理念强调学生的主体地位，让学生充分的认识学习和热爱学习才能从根本上培养学生的创造力。

2.培养职业素养

司法考试改革以来，越来越多的法科学生，投向司法考试的怀抱，注重法学理论的学习。学校为了提高司法考试通过率，教育内容也逐渐向司法考试的方向靠拢。无论是理论课程还是实践课程都成了以法条教学为主的传授式的学习，容易忽略法学研究性，剥离了研究性和实践性的联系。过多的倾向理论知识的传授缺少了对学生进行主体意识、问题意识和研究意识的培养。培养的法学人才不仅仅是要学会法律基础知识，还有具备法律思维、法律能力和法律素养。研究性学习理念对法学本科教育具有重要的指导意义。随着经济的发展，社会结构的多元化，人才的流动性也在不断增加，用人单位对人才的需求不再过分地限制专业，更需要的是有综合能力的人才。此种能力包括与人交流的能力、独立完成工作任务的能力、自主获取知识的能力等。

有学者认为我国的法学本科教育太专业，把法学本科教育搞成了职业教育，把司法考试作为法学教育的目标会影响本科阶段法学教育的导向。在法学教育中贯彻研究性学习理念，让学习氛围更加自由开放，让学生的学习面更加广泛，让学生各方面能力都得到提升，真正具备一个法律人所应具有的素质，才是法学本科教育的目标所在。成为一名法律人必须具备一种法律思维和正义感。法律思维的养成，需要学生尽可能多地去拓展知识面，让思维更加开阔，对问题能有更广泛的认识和见解。要在法学教育中给予学生更多学习课外知识的机会，鼓励学生多读书。同时教学和实践相配合，鼓励学生独立地发现具体案例中的问题，解决问题，敢于质疑权威，敢于提出自己的见解。在平时的教学活动中就要培养法科学生这种开放的、思辨的、敢于质疑的同时敢于创新的法律思维。培养学生的正义感，让学生自由大胆去发表自己的意见，鼓励学生批判案件中的不公，不足之处，提出自己的完善意见。法律人是维护社会正义的使者，必须让法科学生从思想深处懂得法律的意义。培养学生的正义感，才能使学生具备法律人的素养，能够真正地将法律运用到社会每一个需要的地方，这也是法学教育的意义所在。

3.培养学生科学的学习方法

学生具备研究性学习的能力要掌握多种学习方法，并能从中找到最适合自己的方法才能真正懂得研究性学习的意义。

(1)深层学习法

拉姆斯登说："学习应该被看成是一种质的变化，体现在个人观察方式、经历、理解力，及对真实世界的某种事物的概念化上，而不是一个在拥有的知识的数量上的改变。”[①]能够真正地学会学习，不是简单的学习时间或学习数量上的堆叠，而是学会深层次的挖掘学习，其实是要学会深层次的思考。

学生的学习应该是通过自己对学习内容的理解，然后经过大脑思维和意志努力，达到对知识的灵活应用。有些学生在学习中，只是把过多的精力集中在抄笔记和对知识的记忆上，没有做到对问题的深入理解。法学中有大量的法条和理论知识需要熟练的记忆，但是通过记笔记或简单的背诵的方式，记忆到大脑中的知识并不牢固，在经过一段时间后大部分会遗忘。而且遇到具体的案例也与学过的知识联系不起来，造成了知识和现实的脱节，不能有效地去解决现实中的问题。

深层学习是学生试图理解教师所授内容的含义，把当前所学的知识与自己的经历、积累的知识和阅读联系起来。努力理解教学目标、教材内容的重难点。培养学生进行深层次学习，首先要让学生在学习上有明确的目标。学生要懂得分析和筛选老师讲的内容，能够把重难点找出来，知道自己的疑问和不足在哪里。采取这样的方法就可以有针对性地去研究问题，解决问题，而不是囫囵吞枣，眉毛胡子一把抓，最后发现自己并没有掌握到问题所在，也没有真正地把知识印在脑海深处。对于法学的学习而言，最忌讳的就是囫囵吞枣式的记法条。有些人认为，法律很好学，只要背会法条就可以了，有这样想法的人是没有真正地进入到法学的学习中来。其实法学是一门理解性很强的学科，只有真正地理解了法条的含义，才能懂得如何运用。因此，在深层次学习法律前，也要学会有针对性的学习。

其次，进行深层次的学习，要掌握有效的阅读方法。法科学生都应当具备较强的阅读能力，当看到一个案例时，要学会在阅读中找出问题的关键点。而阅读能力的提高就需要学生阅读大量的文献资料。学生可以利用图书馆的资源，阅读大量的书籍，多读书，俗话说“书读百遍，其义自现”。在阅读的时候要学会粗读、精读等技巧，学会去理

①(美)拉姆斯登等．管理教材译丛 群体与团队沟通[M]．冯云霞，等译．北京：机械工业出版社，2001:52-53.

解作者的思想，还有在阅读中学会做笔记，把作者对问题的观点记下来，把有疑问的地方记下来，然后再通过其他途径，寻找问题的答案。法学本身就不是一个像数理化那样有着明确公式的学科，随着社会发展的变化而有所改变，任何问题的答案都不可能是确切的唯一的答案。通过广泛阅读各大法学家的书籍，参考法学家对同一类问题所持的观点，然后在此基础上加以分析判断形成自己的认识。

再次，深层次的学习，还需要学生有一种批判性的思维。研究性学习理念的目的是促进学生全面的发展，尤其是培养学生的创新能力。而创造力的培养就是要不拘泥已有知识，敢于批判和质疑，要求学生在学习过程中不局限于材料和书本的内容，不迷信专家权威，不墨守成规，充分发挥学生的主观能动性，学会独立思考、敢于质疑、勇于探索和创新并能积极地提出自己的观点和看法。让学生具有一种批判性的思维，不是要反对或否定法律的规定，而是让学生学会质疑问题。法律具有一定的滞后性，不可能十全十美，对于相同的问题在学术界也存在不同的观点。所以作为法科学生，一定要以一种批判的眼光去学习法律，发现法律中的问题，通过学生的研究努力解决问题，才能促进法学的进步和完善，为社会服务。

(2)合作学习

合作学习起源于美国，20世纪90年代被我国教育界引用。教育学家普遍认为合作学习的优点很多，是研究性学习理念所倡导的。合作学习一般发生在学生之间，也发生在学生和老师之间。在教师的指导下，学生以小组的形式展开讨论，培养了学生间的合作意识同时通过不同见解的交流也深化了对问题的认识和理解。法学是一门需要合作的学科，无论是对学术观点的讨论还是对具体案例的实践，各个环节都不是一个人所能完成的，需要团队的合作。法科学生要学会合作，学会与人交流，学会在合作中找到问题。在合作学习中，有多方面的益处，第一，每一个人都可以针对一个小问题进行研究，然后再把大家的研究汇总，每个学生都能成为自己所涉问题的专家，通过交流取长补短得到最好的解决方案。第二，合作中的讨论可以锻炼学生敏捷的思维能力和应变能力。第三，小组合作可以通过大家的力量解决个人难以解决的问题，同时也培养了学生一种批判和质疑的能力，不迷信权威，而是通过自身的努力去寻求更好的答案。合作学习可以使学生之间互相交流、互相帮助和互相促进，大家通力合作才能更好地完成任务，让每一个学生都有发挥自己潜能的机会，培养了学生自身的责任心和自信心。

合作学习如何开展？教师要起到一种引导和组织的作用。首先要安排学生自愿结成小组；然后给出具体的案例，创设一种情境，以提问的方式把案件的关键问题告诉学生，把学生引入到案例的思考中来，以防学生拿到案例后不知从何入手。教师的提问还可以鼓励学生独立思考，让学生更深入研究问题。其次学生小组之间展开讨论，分享彼此的思想观点。老师的提问不仅为学生之间的交流合作起到一定的主推作用，同时使得老师和学生之间有了互动。老师与学生的互动还体现在老师对学生找到的答案，发表的观点，进行点评和补充，让学生的知识掌握更加的完整。在合作学习中，学生之间的互动是最为重要的，学生小组对于老师提出的问题，可以经过大家的讨论后，分成若干个小问题，然后分别行动，再一起汇总。每个小组成员都可以积极地发表自己的观点，在发表观点的时候可以得到其他小组成员的点评，查漏补缺，其他小组成员也可以在听到他人的发言后，吸取他人的长处。在他人发言是，其他成员可能回想，他看了哪些书？他怎么能表达得这么好？他对这个问题是这么看的？

(3)亲身实践法

研究性学习理念的特点之一就是具有实践性，不同于传统学习理念之处就在于学生的学习不限于听讲和做笔记。学生的学习要与社会的真实需求相结合，理论要与实践相结合。法学拥有博大精深的理论，同时也是一门实践性很强的学科，化解纠纷、解决矛盾以实现社会的公平与正义是法律神圣的使命，以法律为研究对象的法学当然离不开实践。

学生直接参与到正在进行的法律事务中，在案例中，通过自己的亲身感受来对比、检验、反思书本上的法律理论和知识论断，从而加深对法学知识的理解和把握。亲身实践性的学习方法可以通过以下几个方式实现。第一，到法院庭审旁听。法学院可以根据民事、刑事、行政诉讼三种类型，提前安排把庭审的内容通告学生。学生可以根据自己所关心的问题，选择自己感兴趣的案件进行旁听。有些学者就主张把旁听作为一门课程，让学生在旁听后对案件进行叙述和评论。找出案件的关键问题，内容和程序上有哪不足，存在的问题，并且要提出切实可行的解决方法，然后教师根据学生的具体表现给出成绩。第二，开展法律援助活动。开展法律援助活动让学生办理真实的案件、接触真实的当事人来学习接待当事人、调查事实、收集证据、参与谈判等法律职业技巧；也可以组织学生送法下乡或送法进社区，使其了解基础司法现状，并亲身向基层群众宣传法律基础知识，从而增强学生对社会弱势群体的关注度，同时也培养学生的社会责任感和正义感。

亲身实践法，是让学生身临其境对案件进行调查研究，在这个过程中让学生检验法律基础知识并训练解决法律问题的能力。学生在具体案件的办理过程中，学会分析案情，收集资料，掌握证据，从事实和价值层面对案件进行深入研究和分析。实践是检验真理的唯一的标准，只掌握了书本的知识是不够的，法律是用来解决实际问题的学科，必须有实践的能力，才算是真正意义上学会了法律。学生只有在亲身实践中才能不断发现所学的知识中存在的问题，才能发挥自己的潜能对法学真正的思考，只有思考和探究才能解决真实的法律问题，这也是倡导研究性学习的目的所在。

(4)课题研究法

为了提高学生收集信息、获取知识、创新的能力，采用客体研究的方法让学生参与科研中。课题研究可以通过两种形式让学生参与进来，一种是让学生参与教师的研究课题中，在教师带领的浓厚的学术研究氛围中，让学生感知研究的意义。学生在教师的带领下做一些力所能及的工作，激发学生研究性学习的积极性，从而提高学生的研究能力。教师可以把一些辅助性的工作，例如文献检索和综述，让学生逐渐进入研究的环节中。教师也要对学生的工作进行鼓励和肯定，激发学生研究学习的积极性。

第二种方案是可以让学生独自去进行一些课题研究，让学生在自主的研究中获得创新的成果。比如学生对某个法律问题有自己的见解和看法，教师可以鼓励学生对此问题展开深入的探索研究，指导学生如何对问题进行研究探索，鼓励学生以撰写小论文的方式把自己的研究成果写下来。在课题研究过程中，学生获得了亲自参与研究探索的体验，逐步形成善于质疑、乐于探究、刻苦钻研积极态度。学生通过亲自动手研究，掌握课题研究的基本方法，同时也锻炼学生的逻辑思维能力，可以使学生具有一种深入的探究能力和严谨的学术作风。学生进行研究，也需要学校给予配合和支持，学生所需要大量的资料、文献，学校的图书馆和网络资源等方面给予学生最大的帮助，让学生享有更加自由的学术空间。

法学思辨性决对不能只是枯燥无味的传授已有知识的学科，是不断发展变化，与社会生活密切相关，要求培养法学专业人才，必须是掌握灵活学习技巧，能够对法学有所思考，并能真正服务于法学的人才。开展研究性学习通过各种方法培养学生的法学学习能力，希望能够培养出适合时代发展的优秀的法学人才。

4.正确评价司法考试

很多法学本科生把通过司法考试当作通往法学大门的第一步，甚至从踏入法学院起就把通过司法考试当作唯一学习的目标。部分法学院也把过多的精力放在司法考试上，把每年的司法考试通过率作为评价法学院教育质量好坏的标准。司法考试的颇多影响，使大家忽视法学院的培养目标，使法学教育在一定程度上有所偏离，因此必须以一种正确的态度看待司法考试。只有这样才能使研究性学习得以在高校实施。

法学院应该正确分析司法考试对教育的利弊。尽管司法考试对法学院学生就业有一定影响，但是法学院应该以自己的培养目标为准，在法学教育上因材施教，为法学本科生提供更加全面的教育和更加广阔的就业空间。司法考试的内容多以法学理论知识的掌握为主，对法学有争议的问题避而不谈，这与研究性学习所提倡的培养学生的质疑精神和创造性思维有所出入。因此，无论是法学院的学生还是老师抑或是学校，都要以理智的态度对待司法考试。一方面要注重司法考试在法学理论知识方面以及在学生竞争意识的培养方面有重要的作用。另一方面法学教育不能受司法考试的束缚，应当以研究性学习所倡导地培养学生的思维的全面开发，培养学生的质疑精神、创新能力，培养能够对法学有所思考的能胜任具体法学工作的人才为主。教师的课堂不能以司法考试为主，这样容易抑制学生质疑精神和创新能力的开发，教师可以根据学生的要求或兴趣来开设一到两节的司法考试课程，帮助学生正确认识司法考试，让学生根据自己的兴趣和能力来选择是否参加司法考试。理智地看待司法考试带来的影响，不能将司法考试作为法学教育工作的重点，但也不能完全忽视其作用。只有这样，才能将研究性学习所倡导的理念运用到法学的教育中，从而促使法学教育培养出全方位的优秀的法学人才。这样对司法考试的通过率也是一种帮助，会让学生对自己形成正确的定位，促使那些真正需要通过司法考试的学生能够以一种正确的态度通过司法考试，为法学事业培养各个领域、各个方面都比较优秀的人才。

第四节 法学素质教育

就世界范围而言，以法学家、律师、法官和检察官等构成的“法律职业共同体”，在法治国家中实乃不可替代的支撑性力量。以培养“法律职业人”为宗旨的法学教育，在法治社会中的基础性、全局性和先导性地位日益凸显。纵观中国法学教育尤其是高等法学教育的现状，与法治国家建设的实际要求相差一定的距离，这已是法学理论界与法律实务界的共识。在此，撇开市场化、民主化与人道化的社会趋势以及良性化的制度建设背景，仅就“法律职业人”素质培育的重要环节，即法学教育中的法律职业伦理培养问题略陈管见。

依法治国，建设社会主义法治国家，已是中国社会发展的必然。[①]就中国的人治传统与西方的法治经验而言，尽管“法治”与“人治”是两种截然不同的价值信仰，但“要法治不要人治”的宪政理念绝不可误读为“法律的统治”而蔑视或拒斥人的因素。诚如人治优越论者一度困守于“法治也需要人”的立场是种错误一样。事实上，《孟子·离娄上》所谓“徒法不足以自行”的道理，同样适合于西方法治发达国家的建设历程。西方现代法律的理性化是两股同时起作用的力量的产物。一方面是资本主义的力量，关心严格的形式法与司法程序，倾向于使法律在一种可计算的方式下运作，最好就像一部机器。另一方面是专制主义国家权力的官吏理性主义的力量，它所关心的是系统地制定法典和使法律趋于一致，主张将法律交由一个力争公平、地方均等之升迁机会的、受过合理训练的官僚体系执行。只要这两股力量缺少其中之一，便无法产生现代的法律体系。直言之，在市场经济衍生的动态社会的法治化过程中，法律程序与专业化、自主化的法律职业共同体是两个至为关键的因素。由于后者乃法治中唯一的“活的要素”而处于能动的根本地位，故而不妨说：法治者，“法律职业人之治”也。然而，“在发展中的非西方各国，现代化往往表现为政府主导下的社会变革；这种格局有可能增强法的重要性，但同时也势必助长法律工具主义的倾向。其结果是法律职业的独立性无从确立，连律师也同行政官僚声气相通、浑然一体。可是，新建立或从国外移植来的法律制度与社会文化环境互不适应，其实效主要有赖于职业法律家的远见卓识而不是一般民众的内心共鸣；因此法律家任重而道远，不可不弘毅。”

综上推知，我国的法治建设意欲取得实质性的成效，“有法可依”的完备法律体系固然关键，更为重要的则是良法之论证、制定和实施的“法律职业共同体”的整体素质。尤其在今天我国法治变革的大背景下，法律职业人的道德素养即“法律职业伦理”值得倍加强调。

第一，“法律职业伦理”所要求的道德素养，是法治国家一般公民

①莫纪宏．论民主、法治与人权三位一体的治理方式[J]．中国法律评论，2022(05)：10-15.

道德素养的基本要求。严格意义上的法治应当是一种人类特有的高度文明的生活方式，是共和国（即法治的理想政治状态）的公民们所独具的发现“真”、求取“善”以及崇尚“美”的事业。所谓发现“真”，就是探索事物内在的必然联系或规律。广义上说，法是源于客观事物性质的必然关系。求取“善”就是追求体现自由、平等、公正、正义等人的尊严和价值的规范样态。诚如古罗马哲人西塞罗所言：只有当我们解释了主要的和普遍的道德原则之后，才能发现法和权利的真正基础。所谓“美”，就是指人类追求的至高境界即无讼的和谐生活。由之不难看出，法治蕴涵的“真”“善”“美”对于法律职业人而言，无疑首先是作为一个合格公民道德素养的基本要求。

第二，“法律职业伦理”是法治国家中的法律职业人必备的职业道德。法律职业人首先必须具备合格公民的道德底线，但仅仅于此是决然不够的。既然“法治实乃法律职业人之治”，那么法律职业，人必然具有其他公民所不具备的特殊的职业道德素养。像医生循医德、教师遵师德一样，法律职业人也同样应当信守相应的法律职业道德。古罗马人之所以能够开创一个远古而至今影响日甚的理想法治国，离不开当时法律职业人在法律活动中竭力塑造与“追求法律智慧与道德正义感相统一的高尚的伦理形象”。马克斯·韦伯曾针对近代专业化官僚集团的形成谈道：近代官吏团体已发展成一支专业劳动力，经过长期的预备性训练后有专长。并且近代官僚集团出于廉洁正派考虑，发展出一种高度的身份荣誉意识，若是没有这种意识，可怕的腐败和丑陋的市侩习气，将给这个团体造成致命的威胁。没有这种廉洁正派，甚至国家机构纯粹技术性的功能也会受到威胁。这种“廉洁正派”的“身份荣誉意识”实乃一种职业道德，并完全适合于法律职业人。在我国，关于律师与法官职业道德问题我们给予了比较多的关注，其实包括法学家、检察官等在内的整个法律职业共同体的法律职业道德都需要重视。如果一个对蕴涵着人权、民主和普遍正义等道德价值的良法缺乏真正信仰的法学家，能够不畏权贵而敢于拒斥“恶法”流弊吗？一个没有深邃的体悟法治精神和原则的法官或检察官能够做到独立而公正地适用法律弘扬正义吗？一个没有对人的生命尊严与价值怀有真诚的敬畏而负责的道德信念的律师能够为“他者”的权益而勇于“铁肩担道义”吗？所有这一切都需要法律职业人具备良好的职业道德素养。

第三，“法律职业伦理”是提升我国法律职业人的整体素质，促使法学尽快走出“幼稚”的尴尬乃至化解“司法腐败”困局的应然取向。我国经过20余年的法学以及法制的重建与发展，取得了不小的成就。然而，法学“幼稚”与“司法腐败”的现实表现，使人不得不认真检讨这表象之外的因素——法律职业人包括道德品质在内的整体素质低劣是其重要原因。处于经济高度增长而社会生活剧变期的中国，急迫需要促进社会生活规范化的法治资源(包括法学思想与法律制度)的有效供给，法学家、法官、律师与检察官等法律职业人自当承负起不可推卸的历史责任。但是法学“幼稚”(牵系着“学术腐败”)与“司法腐败”的现实状况却令法律职业人汗颜。对于形形色色的“以权压法”“以钱诱法”与“以情融法”引致司法活动失却公正本性的“司法腐败”，滥用当事人信任的律师、滥用司法权的法官和检察官是不能以法制不健全而推卸责任的。事实上，法律职业人普遍欠缺法治国家要求的法律职业道德素养，远比学养不够及制度不完善更为关键。唯有法律职业人道德素养的整体提升，我国当前的法学和法治窘境才有进一步改进的可能性。

第四，“法律职业伦理”有助于矫正我国法律职业人自主化成长过程中，在“技术理性”遮蔽下的“极端自利化”趋向。基于社会分工及专业化渗透的考量，法治国家的建设要求法律职业人必须具有不同于大众的素养。一是“技术理性”(又译“人为理性”)，即法律职业人特有的知识体系与思维方式(属于技术问题)；二是维系着法律职业共同体的社会价值、信誉及尊严，而为其内部所传承的职业道德(属于伦理问题)。二者共同构成法律职业人德才兼备的整体素质，缺一不可，否则皆不足以确保法律职业共同体的自治性或自主性以承担应有的社会责任。然而从国内外法治建设的经验看来，依托于专门训练而获致的特殊“技术理性”或专业化才能，因法律职业人的自主性倒是不难实现;但牵系着社会责任的职业道德问题却长期难以解决。诚如孙笑侠先生所言:职业法律家的专业化不可避免带来令人忧虑的问题,这就是所谓“隔行如隔山”“职业病”等,职业法律家与大众之间势必存在一条专业屏障,话语难以沟通,甚至屡遭民间讥讽与戏谑。法律职业的“非道德性”就根源于法律家的专业化。难怪有的思想家说“根据法律处理事物的地方,就丝毫不存在道义的影子”。在16世纪甚至有这样的谚语:辩护律师不会成为好法官,因为他们习惯为钱而工作。我国法律职业人的职业道德素养同样面临着这样的困境。为之,信春鹰教授指出:我自己隐隐约约地意识到我们现在的司法改革在某些情况下是整个法律职业或者是一部分法律职业为了保护自己的利益来对付公众,这种倾向也是很危险的。①因此,通过强化法律职业人伦理素养而抑制职业技术专长的非道义化倾向就是自然而然的事情。尤其是对正处于从人治的传统社会向法治的现代社会转型的中国而言,法律职业人的职业道德建设在社会道德全面重建中的紧迫性,无论人们如何强调也都不为过。

第五节 法律职业伦理培养

法律职业伦理培养的缺失是我国当前法学教育存在的主要问题之一。法治国家建设与法律职业人道德素养之间的关联性,决定我国法治建设进程和司法变革的前景。②而我国法治建设和司法改革能否走上可持续发展道路,在很大程度上取决于以培养法律职业人为使命的法学教育的改革、发展,取决于通过法学教育所培养的法律职业人的职业道德素养。尽管在我国已经存在着一个法律职业人培养事务的宏大法学教育系统,即由高等法学教育制度、法律职业教育制度、统一司法考试制度、统一法律职业技能培训制度和终身化的继续教育制

①信春鹰.中国的法律制度及其改革[M].北京:法律出版社,1999:42-43.

②许身健.法律职业伦理论丛(第四卷)[M].北京:中国政法大学出版社,2020:45-46.

度所构成的、相互衔接的、一体化的法律职业人教育体系；然而法律职业伦理教育的普遍性缺失无疑是一大通病，亟待有效地予以化解。

第一，作为未来法律职业人教育主体——高等法学教育的课程设置中没有法律职业伦理教育。在法学教育中，大学法学本科教育是至关重要的一环。为适应法治国家建设对“标准的”法律人才的需要，教育部在1998年确定了法学专业14门核心课程，后调整为16门核心主干课程。中国高等法学教育长期未能把“法律伦理”或“司法伦理”作为必修课程之一。而在法治发达的西方高等法学教育中，大都设有司法伦理或律师伦理之类的法律职业道德训导课程。英国关于律师职业行为指引的书每年出一大本，在法学院是重头戏。而我国高等法律教育并没有把其作为一门重头课，要对未来的法律人进行培养，应该把这门课放在重要的地位。

第二，作为在职法律职业人教育主体——各种法律培训，同样缺少法律职业伦理教育。从某种意义上讲，法治就是法律职业家之治。当一个国家有大量而合格的法律职业人不断涌向社会生活的关键领域，尤其是法学教研、司法行政等职场，那么法律职业人特有的思维方式和道德取向必将渗透到社会关系模式中，形成良好的法治氛围。有的学者所言，一个没有学过法律的人从事法律职业，比一个没有学过医学的人上手术台给病人做手术更加危险。国家一直在为在职法律工作人员提供各种形式的法律培训，譬如法院系统的业余大学（后改为法官学院或分院）、检察官培训中心等。

第三，作为法律职业人“准入”的“准教育性”“主体”——国家司法考试，关于“司法伦理”的要求与法律职业人应有的素养相去甚远。应当说，顺应法治国家对于法律职业人的需要而施行的国家司法考试制度，无疑是我国司法改革的重大举措和重大进展，对于律师、法官和检察官等法律职业人的培养确有里程碑的意义。需要指出的是，国家司法考试制度作为“准入”法律职业场的一道“门槛”，在有助于法律职业人对法律专业知识的掌握的同时，不可过分仰赖对于法律职业共同体形成的实际意义。因为法律职业不仅是一项实践性极强的活动，更是一种现代性的道德实践。这与司法考试之间并非具有必然的关联,更难说法律职业伦理能够通过"书面考试"的方式培养出来。第一,司法考试考什么课并不重要,关键是司法考试要反映出我们要培养什么样的法律人才?第二,司法考试再怎么考,能考出知识和部分能力,但考不出人的信仰、人格、修养。在法治社会里,这些必须通过大学法律教育来培育。

因此,在发展中改革我国的法学教育事业,以提升法律职业人的整体素质,是法学教育面临的新课题。强化法科学生的职业道德素养,既是法律职业共同体培育的历史要求,也是法学教育顺应并推动法治社会发展的使命。

第一,针对合格的法律职业人的通识标准,重构法学教育的目标定位。法学教育的目标定位即究竟培养什么样的人实际上是模糊的。在迄今为止的相当长的时间里,没有确定出一个稳定的目标。这样就造成经过几年的大学本科教育,理论水平上该提高的没有提高,该有较强实践能力的人才没有培养出来,使法科毕业生既不能及时地从事法律事务,又不能较好地从事法学理论研究。目标的模糊定位导致进入法院、检察院的毕业生没有熟练的驾驭司法活动的能力。需要通过很长时间的实践训练才能胜任,不但影响了司法机关的工作效率,而且由于专业知识的不足在一定程度上影响了司法活动的确定性和公信力。专业性的、道德性的素质参差不齐的法科毕业生必然无助于法律职业人共同体的形成。在20世纪30年代,我国著名的法学家孙晓楼先生就谈及法律职业人的合格标准问题,他认为:讲到法律人才,我认为至少有三个要件:要有法律学问;要有社会常识;要有法律道德。只有法律学问而缺少社会常识,那是满腹不合时宜,不能适应时代的需要,即不能算是法律人才;有了法律学问、社会常识,而缺少了法律道德,那就不免为腐化恶化的官僚政客,并不能算作法律人才;一定要有法律学问、法律道德和社会常识,三者具备,然后可称为法律人才。[①]这就无怪乎有"法律教育是人文教育和信仰教育"之说。新目标

①孙晓楼.法律教育[M].北京:商务印书馆,2017:75-76.

定位,法学教育方可真实而有效地提升法律职业人的职业道德素养或职业责任心。从另一个侧面讲,要解决司法腐败问题,根本出路是设计合理的制度,提高法律工作者的职业道德,使得法律工作者相信自己是这个国家最优秀的分子,使得每个法律工作者都极度珍惜自己来之不易的地位和荣誉。在西方两大法系中,都特别重视加强法科学生的职业伦理教育,都在时刻培养学生的法律职业意识,教会学生努力作为一个法律职业人在思维,强化学生的法律至上观念。如英国的法学院重点安排教学计划来培养学生的综合素质,如道德、法律伦理、职业素质、律己意识等。在美国,法学院特别开设了司法理论或类似有关职业道德的课程,法律诊所教育的许多内容就是围绕树立学生正确的职业道德观。回顾美国的法学教育历史,法律诊所教育在20世纪70年代风行时,其中重要的内容之一就是加强职业道德教育。

第二,建立高等法学教育与司法考试之间的良性互动,增进法学教育的实务化、伦理化取向。从普通法系和大陆法系的法治国家建设经验来看,一般强调法律职业人的法学教育背景,即受过大学法学院的正规教育。在"扬弃"传统教育倡导素质教育的中国教育改革的大背景下,法学教育尤其高等法学教育显然不能围绕侧重实务的司法考试的"指挥棒"开展,但也不应否认司法考试对法学教育的影响。通过国家司法考试要作为检察官、律师、法官来培养时,就应当考虑各个专业或不同职业角色的特定的职业伦理。例如律师为当事人保密是一项职业伦理,而作为检察官就不会面临这样的问题。但是检察官也有信誉问题,例如美国的诉辩交易,检察官和嫌疑人之间也有一种信用,即互相之间谈条件,谈不成让嫌疑人走,也不抓他,谈成了就达成诉辩交易,这是不是职业伦理或职业道德,可以探讨。因此,如何实现高等法学教育与司法考试的有机结合,以强化法律职业伦理培养,是我国法学教育特别是法律职业共同体道德素质培育的基本方向。在合理设置法学教育课程以强化法科学生的法律职业伦理、改进法学教育方法使其务"实"而创新的同时,应通过考试内容与方法上的调整,实现法律职业人"技能"与"德性"的同步发展。应当在法律院校中加大对学生的职业道德教育，使其掌握如何在将来的职业实践中保持职业操守与职业廉洁，以提高法律职业人素质、预防司法腐败。我国的司法腐败现象，无不与我们长期以来没有把握好法律教育的职业性特点，忽视法律职业道德教育，使得司法职业队伍缺乏法律职业教育的共同背景有着重要的关系。

第三，在重视“法律家”职业伦理培养的同时，也应十分关注“法学家”职业伦理的教育。由于法律职业人在知识结构、思维方式与职业道德等方面有共性，故前述更多的是基于共同体的同质性的职业伦理道德问题。实际上，在法律职业人的职业道德训练过程中，除了本科阶段普适教育的职业伦理教育应予重视外，对于日后的法学家与法律家两大类职业的道德教育却应有所差别，进而彰显法律职业人道德素养的细分化、定向化“施教”理念。或许是法学家最先注意到“司法腐败”凸显的律师、法官和检察官等法律职业人道德品质的重要性，而法学家职业伦理教育却未引起人们的关注。实际上法学家职业伦理教育在建设法治国家中是不应被忽视的。国内出版的有关法律职业伦理问题的著作，少见有关法学家职业伦理问题的论述，显然是不足的。在我国研究生教育阶段，加大法学家的职业伦理教育无疑是一个重要课题。“……不同的法律职业扮演着不同的角色，除了要遵循共同的职业道德外，还有各自不同的职业伦理和职业道德；但这可能不是法律本科基础教育阶段所能解决的问题。”①

总而言之，法律职业伦理培养，是我们必须通过法学教育改革来促进法律职业人职业伦理品质的提升而努力的志向性目标，我们必须予以足够的重视。

①孙露. 新时代法律职业共同体研究[D]. 长春：吉林大学，2022:84-85.

第三章 我国应用型法律人才培养模式现状

第一节 法学实践教育课堂化

法学教育和法律职业紧密相连。首先,法学教育是从事法律职业的基础,法学教育为法律人才从事法律职业提供相关了理论和实践知识;其次,法律职业为法学教育的开展指明了方向,且法律职业又极大地丰富了法学教育的内容。[①]两者相互作用、相互影响,当法学教育和法律职业形成良性互动关系时,法学教育与法律职业相互促进,相得益彰。如果没有把法学教育和法律职业有效地联系起来,两者之间的信息得不到有效反馈,导致法律教育和法律职业的发展面临严重的威胁。长久以来,我国的法学教育过多地重视法律知识的理论教育,没有与法律职业之间形成良好的互动,造成法学教育和法律职业之间没有形成良好反馈环节,两者长期处于脱节状态,这种情况将会产生如下严重的结果:法学教育发展成为一种独立于法律职业教育的单独的系统,将会变成无源之水,没有生机和发展的活力。当这种状态长期没有得到有效改善后,整个法学教育的教育观念将会受到严重扭曲,学历教育将会成为唯一的教学目的,那么中国法律人才教育事业的发展将会受到极大的影响。如果法学教育未能向法律职业领域提供优秀的人才,使得中国的法律人才教育偏离了知识与能力,使得中国的司法模式行政化、缺乏司法机构应有的自主独立专业的司法精神,种种结果将会影响中国走上依法治国的道路。

放眼当今发达国家,在法学人才的培养过程中法学教育与法律职业始终紧密相依,法学教育为从事法律职业行业提供了大量高素质的

①程兰兰.法学教育实践性的反思与探索[J].司法智库,2021,5(02):260-271+1.

专业人才,法律职业优化了本国法学教育的教学形式和内容。例如,美英国家的职业教育为其法学教育的出发点,任何从事法律职业的相关人员都必须接受过高等院校正规的法学院教育;在德国、法国等国,同样拥有良好的法学教育背景是从事法律职业相关工作的必要条件。放眼国内,由于受多方面因素的影响,法学教育与法律职业始终长期处于分离状态,高等院校培养的人才已经不能满足社会的需求,使得众多法律专业的大学毕业生在从事法律职业相关领域的工作时都必须参加相关的法律职业培训,不仅严重浪费了校园和社会资源,而且也大大加长了法律人才的培养周期。很多从事法律职业教育的相关人才也没有接受过良好的法学教育,我国把是否通过司法考试作为唯一的"职业资格证"。另一方面,我国的法学教育的培养目标已经与法律职业渐行渐远。一系列对当前我国法学专业学生进行问卷调查结果显示该专业的学生就业率低,很大一批法学专业的毕业生从事非本专业的工作,一定程度上浪费了国家的教学资源。国内当前的法律人才培养模式将会造成如下局面:高校法律专业学生招收规模较大,而真正从事法律职业的高素质人才却凤毛麟角。大批毕业生由于找不到法律专业相关工作而无奈选择其他领域。结果主要是由中国法学教育培养模式的缺陷造成,笔者将从如下几个方面详细探讨中国法律人才培养模式存在的问题。

一、培养目标有所偏离

中国的法学教育培养目标与法律职业渐行渐远。众多应用型高等院校的法律专业教育,偏重于法学理论知识的传授,很大程度上忽视了对学生的实践环节的教学,法学专业与法学实践的严重脱节,使得法学教育没能培养出高素质的法律职业人才。现行的教学模式着眼于学生基础理论知识的加强,而学生的实践操作能力、思考问题分析问题的能力、运用法学知识分析社会生活实际问题的能力却很少涉及。在法学理论教学中,没有很好地对学术型教育和应用型教育进行有效区分,对应用型人才教育与学术型教育一样,均以法律相关基础理论为核心,很少或者没有对应用型人才进行相关实践环节的教育，扭曲了应用型本科教育的培养目标。

二、专业理论课程设置不合理

中国现行法学专业人才的培养模式仍然沿用20世纪90年代所形成的法学课程教学体系，但随着社会不断发展，当前法学教学内容已经不能适应当今社会发展需要。当前我国应用型法律本科教育的课程主要是根据学科的逻辑结构开展，不同高校之间差别不大，过分注重法律知识体系的系统性和完备性，法律教材的内容过于陈旧，没有很好地反映当今国际法学领域发展的最新成果，传授相关的法理学知识成为其唯一目的，按照学分制强制学生选择公共必修课、公共选修课和专业必修课等课程。如果学生没有实践做基础，根本没有很好的辨识能力挑选自己感兴趣的法学课程，使得学生的法律知识体系过于单一，毫无自己的专业优势可言。另一方面教学也始终以"学科"为其最终目的，课程内容与社会要求和职业能力的要求相差甚远，断开了法律教育与法律职业的联系、理论学习与实践工作的联系。法律人才的教育理论课程主要是以法学学科为核心，实现单科分段教学，理论知识的完备性是追求的重点，学生获得比较系统的法律理论知识成为唯一目的，这种法律教学的课程设置往往强调基础理论忽视实践教学，理论和实践分崩离析，法学教育的培养目标无法企及。当前这种课程设置模式，虽然可以传授学生一定的法理学知识，但无法传授动手实践能力，课程教学与实践教学割裂开来。一方面教学目标有所偏移，过多强调学科教学理论知识的系统性，课程设置没有很好地从学生今后从事专业工作出发，设计和培养所需的核心工作能力。一方面是课程设置太过单一，没有很好体现与其他相关专业的融合性，在目前这种教学模式的课程设置下，学生大部分精力和时间都是在进行法律基础理论的学习，很多知识对其今后的工作没有任何指导作用，因为专业课程设置严重忽视了相关的实践教学，学生的应用法律知识解决实际问题的能力没有得到有效加强。

当今社会对从事法律职业的相关人才的要求也发生了巨大的变化，要求法律人才必须具有更高的综合素质。不再是以前简单的技术型人才,而是更多的复合型法律人才。例如在国际经济活动中,不仅要求拥有一定的法学相关理论,还必须了解经济、外语等其他学科的专业知识,单纯的专业基础理论知识远远不能满足当前社会需求。除了单一专业知识,法律人才的社会实践能力也非常薄弱,这也是国内高校的法学教学培养目标发生偏移的结果,造成我国法学专业人才培养过分强调基础理论知识的培养,对实践能力的培养则在很大程度上被忽视。其次,法律人才的教学内容没有很好地将理论知识与动手实践能力的培养有机地融合。目前的法学人才培养模式在教学方法和考试方式、学科设置等方面都存在较大的缺陷。法学知识的相关教材数量很多,但是其相当一部分都是互相抄袭,拥有新颖独到观点的书籍少之又少,甚至有的还存在不少错误,法学教材的错误也将损害教材应有的权威性和教学意义。老师在给学生授课的方法上忽视了对学生创新思维和实践能力的培养。考试方式上,大多是以标准答案评判学生的学习成绩,在一定程度上使得学生的创新精神得不到很好的发扬。学生考试时仅仅就是死记硬背课本上的相关理论,很少进行独立思考。加快法学相关专业的教学内容的改革已经刻不容缓,老师在课堂教学应该多花时间积极探讨案例法教学,开设诊所式的多种实践性很强的法律课堂教学模式。在考试方式上,突出考查学生的创新能力和实践能力,摒弃以前那种纯粹的死记硬背的考试模式。

三、理论与实践存在部分脱节的情况

高等院校与法律职业用人单位的人才培养理念存在明显的差异,这种理论教学与实践教学的脱节严重。企业和用人单位希望培养出更多的复合型应用型人才,用人单位十分看重学生的实践动手能力,而各大高校的教育理念则更为注重学生的法律基础理论知识的掌握。对于本科应用型人才来说,从事法律职业的专业能力以及专业外的其他能力往往比基础理论知识的学习更为重要。目前,应用型本科教育课程理论体系和实践教育环节没有紧密地联系在一起,而是各成体系,目标和理念不统一,缺乏合作意识,大多是先理论教学,后实践教学,学生感性认识的缺失较易造成理论知识的空泛,使得学生掌握基础理论知识的效果大打折扣，法律专业的毕业生的实际专业素质与社会需求相差甚远，另外一方面法律职业相关领域急需相关人才，但法学专业的本科生由于缺乏实际工作的经验而被用人单位拒之门外，造成了资源浪费。当前法学院的招生规模在进一步地扩大，因为法学院认为用人单位以学历作为招聘人才的唯一标准，而招聘单位看重学生的实际动手能力，要处理好以上种种问题就必须处理好理论教学与实践教学的关系，强调实践教学在本科教学过程中的重要地位。此外，实践课程在时间安排上大多比较靠后，很多课程都是设置在大三、大四，而此时本科生由于忙于考研或者找工作而使得实践课程的效果受到比较大的影响。

第二节 法学实践教育需具体化

一、高校定位有待进一步提升

近年来，在新时代发展下，推进中国特色社会主义事业的同时，不断推进教育事业的发展，但是给予的经费是有限度的，很多学校尤其是发展中的学校，以此为契机，想更快更好抓住机遇，勇挑重任，努力在新的起点上实现跨越式发展。①但是在有些方式方法上，仍然需要斟酌。人与人之间会进行比较，学校与学校之间也会被比较，这是一个正常现象，但是在潜移默化影响的过程中，很多弊端也慢慢显现，虽然说一步步向上是好的趋势，而且符合人类社会进步的规律，但是从小型到大型，从低级向高级的过程是显示自身实力的过程，很可能会助长重视学而看轻术，一旦这种思想根深蒂固之后，去除是比较难的。要明确的是高校的办学是为了学生，一切为了学生，培养出来的学生优秀，才能真正体现学校的高水平。有所担心的是，学校发展壮大了，但是走出来的学生一届比一届实力不足，这是我们所不愿意看到的情

①中国法学会法学教育研究会，北京市曾宪义法学教育与法律文化基金会. 曾宪义与中国法学教育[M]. 北京：中国人民大学出版社，2021:57-58.

况。现在社会广泛流行大学排行,在对大学进行分类的过程中,大学的类型由类和型两部分组成,型是按科研的规模大小,将大学分为研究型、教学研究型、研究教学型、教学型四种。类则反映大学的学科特点,结合学科门类的比例分为综合类、文科类、理科类、工科类四种。这种按学科与科研规模分类的办法,如果处理和使用不当,有可能助长"重学轻术"的思想,使得高校忽视人才培养类型与层次和社会对人才需求的关系,集中向着一个方面发展。专科办成本科,本科办成综合性大型大学,再争取成为重点院校来争取硕士点、博士点、重点学科、重点实验室等,并以此来显示自身的实力。

很多高校无论从办学软件还是硬件设施上都缺乏条件,高谈空话套话,一定程度上存在着盲目治学状态,导致一定比例的不协调失衡,很多学校的师资力量薄弱,课程设置也不合理,最终培养不出合格的人才,损害的不只是学生,也损害了人们对法律的认识。在重重压迫下,越来越多的负面影响一步步出现,多少人感受到困惑,多少人感受到压抑,一个个知识分子都在努力去寻找解决办法。单单依靠单个的力量是远远不够的,应该依托大环境,依托大力量,比方说承载很多期望的高等学府,他们有大家的期许能够坚持使命、秉承精神、发扬传统,完成教育振兴计划,有国家一定程度的期望。

二、实践课时分配少

目前法学课程的开设主要以法学科的划分或国家颁布的主要法律标准为依据。课程设置主要是以传授知识为主,不是理论和实践相结合的模式。从师资队伍看,绝大部分教师是从高等院校本科或研究生毕业后直接从事教学工作,本身没有在法院、检察院、律师事务所工作过,缺少丰富的实际工作经验。在教学中更多地注重理论研究,而没有从法学学科本身的实践性、技术性出发来训练学生的实践能力和操作能力。法学本科实践教学主要是靠毕业前的两三个月去法律服务机构实习。这种毕业实习是学生亲身体验司法工作的实践过程。但其缺陷是,毕业实习前大多数学生对人民法院、检察院及其法律服务的机构设置的工作程序并不了解,加之毕业实习时间有限,大部分学生只能走马观花地了解一下,不符合理论转化为实践,只有少数学生能真正地参与和得到锻炼。

三、缺乏实践教学的强制性规范

对法科生毕业前要不要接受实践教学、接受多少学时的实践教学、实践教学要达到什么样的标准等,国家缺乏统一而明确的要求,各个高校自由操作,造成了高校间实践教学发展不均衡,实践教育设置目标不明确、规范不具体的问题。

四、缺乏鼓励法科生提升实践能力的明确导向

在课程设置、教学实践等环节中,多数高校采取的主要还是传统课堂教学模式,即便是实践教学,多数也在课堂内完成,如模拟法庭、仿真诉讼等。缺乏鼓励学生走出学校、走进基层、走入实务部门的 措施,许多学生安坐象牙塔,两耳不闻窗外事,并不有利于实践能力的提升。

五、缺乏足够的能够胜任实践教学的人才

目前,我国各高校担任法科实践教学的一般是在职教师, 在职教师虽然可以通过兼职从事律师、在法律实务部门挂职等方式,获取相当的法律实务经验并运用于教学,毕竟不是专业的实务工作者,在实践教学效果上未能达到较为理想的状态。高校法学教师承担教书育人的职责,教师不仅要具备扎实的理论知识、专业教学技能,同时要具备较高的思想品德和育人能力,在做好法学专业教学工作的同时,要在日常教学中提高学生的专业素养、思想品德。具备科学素养也是法学专业教学对教师提出的必然要求。教师要根据法学专业特征、学生多元化的学习需求、社会环境不断更新自身的专业知识,积极应用现代化、信息化的教学方式,应用网络教学资源课程体系。现代化教学手段的应用可以提高教学质量,丰富教学资源,法学专业与工业、农业、医学等专业学科也存在较大差距,教师的科学素质成为职业要求的重要内容。

第三节 法学实践教育理论化

一、实践途径不多

在国内,许多高校在开展法律实践方面的教学时,大多是利用一些律师事务所、检察院、法院等机构到校内成立相关的法律实践基地。[①]据笔者深入调查发现,这些实习基地很多都没有很好起到对学生实践能力的锻炼作用,其主要是应对相关部门的检查或者学校的教学评估之用,表面效果与实际作用不太明显,究其主要原因是多方面的,主要是缺乏长期的制度性建设。另外,在实践基地出现问题以后,法律实践部门也很少采取积极应对措施,没有从整个法学教育的高度去思考问题,没有很好听取、采纳广大师生的意见和想法;实践基地遇到的具体问题也极少公开探讨;多数高校法律教师也没有过多的热情和精力指导学生参与实践基地的教学,对于实践部门究竟有哪些问题不了解(甚至不想了解),对于在实践基地教学过程中面临的实际问题也未能采取有效的方法来应对,实际的教学方法和教学内容也都有失偏颇。这样的教学模式和教学方法没有很好地指引学生有效地参加实践基地的学习,导致学生的实践动手能力和运用法律知识分析实际问题的能力没有得到应有的提高。这种法学教育实践环节的缺陷将直接影响法律人才的社会竞争力,亦不利于整个国家的法制建设。由于学生在校内实践能力的欠缺,在从事法律职业相关工作之前都要到专业的培训机构重新学习,不仅浪费了校园的教学资源又加大了人才的培养周期。

二、实践教学难于开展

我国的法学教育实践中,模拟法庭教学方法往往很难起到应有的作用。首先,模拟法庭实践教学方式要求学生具有一定的基础知识及

①邵文涛.我国法学本科教育中实践教学体系的构建与运行[D].济南:山东师范大学,2008:17-18.

技能，要进行完整模拟的法庭程序必须拥有一定的实体法和程序法基础，而程序法多在大学二年级才开始学习，所以大学低年级的法科学生由于缺乏基本的法学知识，进行模拟法庭审判是非常困难的，也不能起到实际的作用。大四毕业班的学生由于写毕业论文加上找工作的压力，往往无暇参与，模拟法庭实际适用的阶段非常有限。其次，即使学生在参与模拟法庭之前已掌握基本的知识及技能，要勉强在短时间内论证一个复杂的问题，他只能采取快捷方式恶补，这样的学习方法运用到法律内容不会久留，因此对学生没有长远好处。最后，一次模拟法庭耗时甚多，角色有限，既不能保证学生都有机会参与，也不能给予学生有多次练习的机会。总之，模拟法庭作为学生活动有它的优点，但作为技能培育方法却存在着多种缺点。

刑事侦查与物证技术试验、专业实习和法庭观摩也同样存在一些问题。随着高校的扩招，法学专业的学生骤增，给实践教学的组织安排带来了一定困难。一方面，指导老师和试验室资源的有限性，难以保障每个学生拥有足够的实践机会。另一方面，学生数量过多也使得实习、法庭观摩难以集中安排。由于实习生众多，实习单位对实习生也不够重视，没有具体落实指导老师形成一套具体的指导方案等，实习效果参差不齐。自高校扩招以来，大多数学校不同程度地忽视了这些教学形式的建设，由于缺乏规范的管理，使本来就极为有限的实践教学活动在实际上流于形式，相当一部分学校甚至一些基本的教学环节在形式上都没有健全。

第四节　法学实践教育需提质增效

一、实习的时间安排不当

目前，各个学校的实习时间，一般安排在大三期末，这样的安排主要是考虑经过了三年的系统的学习和训练，学生已基本具备参与法律的相关实践活动的能力，有一定的基础知识储备和专业知识功底。但是，司法考试改革对实践安排造成了一定影响，学生为了准备每年九月份的司法考试，在实践中往往不能全心全意投入实践活动中，造成了实践教学实质大多为走过场，花了精力却没有收获真正的培训效果，同时，也会影响实践基地单位对学生和学校的评价，任其长期发展，也会反过来对法律实践教学基地产生较为不利的影响。

二、实践教学缺乏系统性和规范性

法学专业实践教学环节虽然形式多种多样，但是大多数的院校，还是停留在模拟审判、法律咨询、旁听审判、毕业实习等几种形式，范围狭窄、内容不系统，其中一些实践环节是否进行，随意性很大，与实际的法律职业相距甚远。[①]一些学校虽然开设了法律诊所课程，但限于师资力量和物质条件，只能招收少数学生。种种约束使得教学实践环节不全面，没有形成完整的实践教学链，影响了对学生综合素质的培养和创新精神的培养。法学实践教学缺少成熟系统的体系和规范，虽然说国内的有些法学院校，对于实践教学上已经有所重视，但实施情况并不是很好，实践教学整体上仍处于探索的阶段，缺乏可供参考、借鉴和推广的成熟经验，多处于自我研究、自我实践的初级阶段。实践课程的设计和实施环节的安排都由教师自由支配，没有注意到实践教学应当紧扣培养目标和培养规划。与此相应，实践教学没有成熟地具有可操作性的教学大纲和教材。

三、对法学实践教学资源投入不足

长期以来，人们一直将实践性教学视作法学理论教学中的一个补充环节和附属产物，没有充分意识对于高素质法学毕业生综合能力培养的重要性。而且由于其成效显现周期较长，前期投入相对较大，且要求具有连续性，在实际操作中很多高校都无法满足实际的要求。不少高校的模拟法庭往往流于形式，起不到真正提升实践操作能力的作用。实践教学基地的建设往往数量不够或缺乏持续性，教学的费用和

①朱春霞．中国法学本科教育培养目标的理性思考[D]．苏州：苏州大学，2003：14-15.

日常管理都得不到良好的保障,不少高校的法学实践性教学呈现被边缘化甚至完全走形式主义的境地。另一个对高校法学实践教学运行构成较大影响的就是教师的素质、能力和积极性问题。由于我国目前对高校法学教师的入职门槛主要还是以学历和研究成果为准,实践经验和理论功底同时具备的双师型教师严重缺乏,导致教师在指导学生进行实践教学的时候力不从心。除此以外,对教师个人而言,实践教学往往需要投入大量的时间和精力,法律文书写作、过程指导、实践报告批阅、法律诊所和公益诉讼的开展都需要一个持续的投入过程。

四、法学实践课程管理不规范

目前各高校法学专业开展的实践教学课程主要包括:案例教学、模拟法庭、模拟仲裁、社会调查、法律诊所、毕业实习等。从课程形式上来看,形式比较多元,从不同方面可以提升法学教育的实践性,训练学生的沟通能力、协作能力和解决实践问题的技能。然而在具体的实践操作过程中,我们发现这些课程往往存在如下问题:首先,各门课程的设置逻辑相对孤立,彼此间缺乏联系性和沟通性,对学生能力的培养往往偏重于某一方面,与培养具有“法律诠释能力、法律推理能力、法律论证能力以及探知法律事实的能力”的高素质法律人的目标仍然存在一定差距。其次,由于长期以来对实践性教学的重视程度不够,各高校现行的实践教学课程设置仍具有较大的随意性,对于教学时长、运行方式、课程考评等论证不够充分,课程开设对于学生实践能力的真实提升效果非常有限。

第四章 我国应用型法律人才培养模式的优化与创新

第一节 转变法学教育理念

新时代发展的浪潮中,我们应该正确处理好“教育、科技、人才”三者的关系。人类社会的发展历史表明,任何一个时代的人类社会发展进步,其核心的推动力都在于生产力水平的提升。当我们把科技当作第一生产力时,意味着经济社会发展需要始终以科技作为动力助推;当我们将人才当作第一资源时,意味着要切实地依靠人才来撬动科技的发展,进而最终实现生产力的发展。与此同时,尤其需要关注到:在事物发展过程中,如果没有外力的做功和介入,系统肯定会因为熵增而最终走向消亡,意味着在发展过程中,必须找到一种可以持续为系统做功的动力。那么这个动力究竟是什么?毋庸置疑,是创新。即要通过全面的、持续的创新,为社会经济发展注入动力。只要创新得以存在,经济社会发展的第一资源就可以持续地促进第一生产力的发展;相反,一旦创新消失或者停滞,则第一资源就无法持续地促进第一生产力的发展,社会也就将发展停滞甚至走向混乱。进一步看,创新是一种实践活动,且该实践活动的主体是人,是全体人民,尤其是全体人民中的人才(能力和素质较高者)。另外一个维度表明:正确处理“教育、科技、人才”三者之间的关系,既要通过教育培养高层次的人才,全面助力第一生产力的发展,同时又要教育千千万万的普通劳动者,鼓励、引导他们立足自身所处行业领域扎实开展社会实践,培植可能的创新土壤,进而为中华民族复兴奋斗,为第二个百年奋斗目标的实现而协同发力。必须坚持科技是第一生产力、人才是第一资源、创新是第一动力,深入实施科教兴国战略、人才强国战略、创新驱动发展战略，开辟发展新领域新赛道，不断塑造发展新动能新优势。

一、教育理念转变的现实意义和必要性

本科法律教育理念的转变是深化法律本科教育改革的重要基础。[①]教育理念的落后直接制约着我国本科教育的发展，教育理念不及时转变，提升我国法律本科教育就变成空谈。

（一）教育理念的转变为我国本科法律教育指明方向

我国法学教育的理念从单纯的理论教学向注重实际应用转变，这种全新的理念是有效开展本科法律人才教育的出发点，一切工作都必须紧紧围绕这一中心，有效地组织和规划本科教育的理论教学和实践教学，一方面加强对学生相关基础法律知识的理论教学，另一方面，加大对学生实践环节的投入，不断提高学生专业素质，运用法律知识解决实际问题的能力得到加强，充分发挥学生的自主能力、实践能力、搜集资料处理各种信息的能力。

（二）教育理念的转变是我国本科法律教育的动力源泉

新的教育理念为进行本科教育指明了方向，是提高法学本科教育水平的重要动力。教育理念的转变大大激发了老师和学生对法律本科教育的激情，老师的教学将会更加充满自信、更具有现实意义，学生的学习主动性和积极性也会在很大程度上得到提高。而学生学习主动性的增强反过来也激发了老师教学的热情，如此形成了良好的循环，有效提高本科教育质量。

二、法学本科教育理念转变的内涵

（一）实现从纯理论教学向注重应用型转变

我国高等院校在法学课程的设置上不应该仅注重法学理论知识的传授，而且应该重视实践教学环节。只有把法学专业与法学实践紧密联系在一起，才能达到法学教育应用能力培养。全新的教育理念就是要强调学生运用法律知识解决实际问题的能力，包括实践操作能

①王辉，常静．学科竞赛与“三位一体”卓越法律实践人才培养模式研究[J]．北京教育（高教），2022(10):53-55.

力,分析问题、解决问题的能力。

(二)实现法学教育与法律职业教育的融合

从法学教育和法律职业有着十分紧密的联系,一方面,法学教育为法律职业提供支撑,法学教育培养和提升了法律专业知识和法律职业素养;另一方面,法律职业决定着法学教育的培养和发展方向,丰富了法学教育的内容。两者相互影响,相辅相成,当采取合理的方式使得两者形成良性互动关系时,法学教育与法律职业化发展结构,加强法学教育与法律职业之间的血肉联系,使得法律职业教育获得法学教育的支持和涵养,使得法律职业走上职业分工专业化、队伍职业化的健康发展轨道。

三、法学教育理念转变的基础

从辩证唯物主义的认识出发,教育、科技与人才三者必然处在相互作用的普遍联系之中,这种相互作用和普遍联系,本质上即三者的关系总和。因此,对三者间关系的科学认识与系统解构,是很有必要的。

(一)对三者关系的科学认识,既要正确把握三者独特的本质内涵,又要切实与具体的社会实践相结合

1.“把握三者独特的本质内涵”即还原“教育、科技、人才”三者的根本属性

一是还原教育的社会活动属性。切实从教育作为培养人的一种社会活动,尤其是学校教育有计划、有组织、有目的地培养人的社会活动的层面,来观照“教育”在三者中的地位和作用。

二是还原科技的知识操作属性。切实从科技作为一种知识生产和知识应用活动,尤其是从科技作为认识和解释自然世界和社会现象并将其运用于生产生活实践的层面,来理解“科技”在三者中的地位和作用。

三是还原人才的异质资源属性。切实从人才作为集聚创造能力的社会群体,尤其是人才培育助力个体人力资本增值和社会发展内生增长层面,来认识“人才”在三者中的地位和作用。

2.“与具体的社会实践相结合”即将对三者的关系认识放置到具体

的社会实践领域来加以观照

一是从国家战略的实践支撑展开，切实将三者放置于“科教兴国战略”“人才强国战略”和“创新驱动引领战略”中探讨其内在关系，明确认清“教育、科技、人才”三者共同组成全面建设社会主义现代化国家的基础性、战略性支撑的深层内涵。在这个过程中，三者是以有机组成的、整体的形式构成全面建设社会主义现代化国家的基础性、战略性支撑的，而非单一的教育、单一的科技、单一的人才就可以支撑起全面建设社会主义现代化国家的任务，重在三者的有机联动和共同作用发挥。二是从实践工作的具体推进展开，切实将“教育、科技、人才”放置到国家事业的运行实践中展开三者关系探讨。毋庸置疑，三者都是国家事业的重要组成，都在经济社会发展中发挥着重要作用，都需要久久为功的持续发力，尤其三者都是直接与人打交道的社会事务。在此过程中，教育培养造就人才，人才助力科技进步，科技反哺教育发展，不断地循环累积并走向更高水平。可见，通过与实践相结合的分析阐释，“教育、科技、人才”三者系实践运行中不可分割的有机整体，既在国家事业框架内彼此衔接、相互支撑，共同组成全面建设社会主义现代化国家的基础性、战略性支撑，又在各自领域内成为体系中各有侧重的“关键第一”，互为补充而非相互排斥，互为核心而并行不悖。

（二）对三者关系的科学认识，既要全面考量上位系统的一体联系，又要切实兼顾下位要素的自主优化发展

1. 考量上位系统的一体联系

即将三者放置到社会主义现代化国家建设全局予以审视。一是从三者的“空间”关系上看，三者虽然都是国家事业的组成部分，但在实践运行上却各有侧重，各自占据国家事业发展的不同位置。三者同处国家事业和社会治理“多维立体空间”的不同极点，属典型的空间立体“三角协调”关系。二是从三者的“作用”关系上看，在空间立体三角协调框架内，三者的发展各有侧重，但又能彼此支撑和相互促进，同时每一个主体都对另外两个主体的发展起着作用与反作用的关系。即好的教育发展可以促进科技和人才的发展，好的科技发展可以反哺推动教育和人才事业的进步，好的人才工作可以为教育进步和科技进步提供更优主体支撑。反之，则会对相应事业的发展造成阻碍制约，存在明显的“循环互促”逻辑。三是从三者的“联结”关系看，既可以把教育对人的培养看作是三者一体运行的起点，也可以将科技的知识生产看作教育赖以依存的“教育中介”，还可以将人才的培育看作是教育发展运行的“教育主体”注入，明显属于“衔接互补”的一体化发展。可见，“教育—科技—人才”只有形成三位一体的“三角协调”关系，良性互动的“循环互促”逻辑，“接互补”的一体发展，方能更好地服务于社会主义现代化国家建设的总体要求。

2. 兼顾下位要素的自主优化发展

即逐一识别三者在全面建设社会主义现代化国家中的独特功用。一是从教育的功用来看，教育担负着培养建设者和接班人的重任，无论是社会主义现代化国家的建设，还是中华民族的伟大复兴，乃至是社会主义更高发展阶段的其他目标实现，归根结底都是要靠建设者和接班人薪火相传。二是从科技的功用来看，科技是第一生产力，依靠科技利用自然、改造自然、生产物质资料的能力，可极大地优化和改进“生产力三要素”，进而更好、更快地助力国家事业乃至人类社会的持续发展。三是从人才的功用来看，社会对“人才是第一资源”的认识，亦从根本上决定了人才在经济社会发展中特殊重要性。从功能发挥上看，教育在科技及人才事业发展中发挥基础性作用，人才在教育活动和科技进步中为主体性支撑，科技在反哺教育活动和人才事业中担负动力源助推。教育活动和教育事业的发展、科技创造和科技工作的推进、人才培育和人才效能的发挥，均有自身独特的不以人的主观意志为转移的规律，需要创造良好的社会条件和环境氛围，更好地发挥相应规律对三者的正向促动作用。

（三）对三者关系的科学认识，既要全面把握各自工作的重点侧重，又要切实顺应顶层设计的整体统筹

1. 把握各自工作的重点侧重

即分门别类地明确教育工作、科技工作、人才工作的聚焦重点和中心任务。一是就教育工作而言,其工作的聚焦重点和中心任务主要在于解决好“为谁培养人”“培养什么样的人”和“怎样培养人”的问题,归根结底要落脚在“为党育人、为国育才”,落脚在“培养德智体美劳全面发展的社会主义建设者和接班人”,落脚在“以树人为核心,以立德为根本”上。二是就科技工作而言,其工作的聚焦重点和中心任务主要在于坚持创新在我国现代化建设全局中的核心地位,把科技自立自强作为国家发展的战略支撑,落脚在必须深入实施“科教兴国战略”“人才强国战略”和“创新驱动发展战略”上,完善国家创新体系,加快建设科技强国,实现高水平科技自立自强。三是就人才工作而言,其工作的聚焦重点和中心任务主要在于坚持党管人才,立足“四个面向”深入实施新时代人才强国战略,全方位培养、引进、用好人才,加快建设世界重要人才中心和创新高地,为2035年基本实现社会主义现代化提供人才支撑,为2050年全面建成社会主义现代化强国打好人才基础。可见,三者虽在实践工作中各有聚焦的中心任务,但三者归根结底都是为社会主义现代化国家建设服务的,在根本方向和目标追求上是高度统一的。

2.顺应国家顶层设计的整体统筹

即要从国家关于“教育、科技、人才”工作的顶层设计维度来审视三者关系。一是从国家顶层设计的工作架构看,国家层面的教育工作以中央教育工作领导小组为主进行统筹,科技工作以国家科技领导小组为主进行统筹,人才工作以中央人才工作领导小组为主进行统筹,但三者均设有相应的秘书处,秘书处所在单位互为其他两个领导小组成员,又都统一在相应工作领导小组整体运行框架内。二是从国家顶层设计的政策本意看,这种工作格局和运行机制的设计,既是教育、科技、人才辩证统一关系在实践运行中的直接体现,也是三者理论关系在国家治理现代化过程中的深化与拓展,更是正确处理三者关系、更好发挥其应有效能不容回避的重要遵循。可见,教育、科技、人才三者是一个辩证统一的关系,既可以以联合体、协同体的整体模式在生产生活实践中起作用,也可基于自身的独特运行规律自为、自发地自组织优化发展。

四、转变教育理念的途径

高校人才培养模式的改革和创新,教育者首先要更新教学理念,转变教学意识,在意识层面进行改革,树立创新型人才培养的理念。对于法学专业的教学来说,教师要明确该专业的特殊性,传统教育教学模式下,对法学专业的教学过多停留在理论层面,对学生实践能力的教育教学重视程度不足。为此,教育者要深入分析学生多元化的学习需求,以学生作为教学主体,强化学生实践能力的培养和锻炼,将本科教育思想融入日常教学中,实现高校人才培养模式的创新发展。受到教育环境、个人性格、职业规划、价值取向等多方面因素的影响,高校学生的兴趣爱好、特征、职业规划方向、专业发展能力存在诸多个体差异性。在高校人才培养模式创新中要加强对学生个体差异性的关注,根据市场对人才的需求以及学生发展需求创设多元化的人才培养模式,推动高校学生实现全面发展。对于法学专业人才的培养来说,在新型教学模式创设过程中,要深入了解国家政策、相关法律法规的调整和更新趋向,使得人才培养模式的改革和创新与相关法律制度的更新相一致。

第二节 突破法学实践教育的瓶颈

高校人才培养模式要以社会的发展为导向,以市场环境的需求为基准,才能使高校毕业生在投入社会参加工作之后提高岗位的适应能力,我国法学人才培养一直以来困于理论教育,必须要突破法学实践教育的瓶颈适应社会发展。我国社会经济发展速度的加快使得各个行业的发展走上了快车道,职业需求、对人才综合能力的要求都处在动态变化的局面中,如果高校人才培养模式不以市场需求和市场环境的变化进行创新、改革,仍然沿用老旧、传统的育人模式,容易导致高校教育与时代发展脱节,导致人才所具备的职业素养、道德水平、专业技能和综合素质与社会职业需求不符,降低高校育人价值。为此,探究高校法学人才培养模式的改革、创新迫在眉睫,根据学校综合教育水平,以市场用人环境为导向,以相关领域的行业发展为基础,深入分析法学教育教学模式存在的问题,有助于提升高校的综合教育水平。人才是实现发展的关键和主体,做好人才培养工作任重道远。法律是应用于社会的强制性规范,法律、制度的主要作用是规范社会行为,维护良好的社会秩序,实现社会公平、公正。高校法学专业是以法律为研究对象的学科,专业核心在于研究社会秩序与社会公正。结合目前情况来看,法学专业的毕业生进入社会所从事的领域主要包括国家机关单位、律政机构、金融领域以及企业顾问等,法学领域的人才承担着巩固中国共产党执政地位、维护国家长治久安、保护社会公众合法权益的重大政治和社会责任。由此可见,探究高校法学人才培养模式的改革和创新,可以使高校教育活动与社会事业发展、企业发展相接轨,为社会生产力水平的提升、先进文化的融入、社会保障制度的完善夯实人才基础,有利于维护国家的长治久安,保障人民的安居乐业。

一、合理设置理论教学和实践教学的比重

当前就是要大力提高实践教学课程在教学当中比重,要求全部的法律课程都必须有实践教学环节,实践教学、理论教学比重分别大于该课程总教学时数的15%~10%,某些实务类课程的实践教学比重将要提高到80%以上。只有在课程安排上做硬性规定,才能更好解决目前在法律人才培养模式上存在的问题。

二、拓展教学实践的途径

大力拓展教学实践的途径,必须从以下两个方面着手。一方面,加强对法院、检察院、事务所、法律援助机构、律师事务所等进行有效的管理,为法律人才应有能力的培养起到真正的作用。另一方面在假期可以组织学生到相关的工作单位实习,亲身感受一下现场的工作氛围,感受一下职业法律人士思考问题,解决问题的方式和方法。学校

还可以成立社会法律无偿咨询机构，组织学生向社会提供相关的法律咨询，特别是社会弱者，向其提供法律维权的意识以及法律维权的方法。不仅能够提高学生应用现有知识解决实际问题的能力，而且还能够提高学生的人文素养。

法学专业是一门实践性、综合性比较强的学科，社会的进步、时代的发展会包含法律制度的更新，涉及各行各业、居民生活的法律体系也随着时代的浪潮不断发展和更新，高校法学专业的教学也要与时俱进，结合法学专业的特色，开拓和创新引领时代潮流的法学实践性教学内容。高校在法学人才培养模式的改革与创新中，要将理论教学与实践教学相结合，新课程体系要注重学生司法实践综合素养的培养，以适应社会快速发展的要求。在具体实践中，学校要以社会需求为导向，高校法学专业毕业生在进入社会参加工作后，进入的领域比较广泛，在构建实践法学教学内容时，可以将社会热点实践引入课堂教学中，提高法学专业课程的趣味性、时效性和实践性，也可以通过模拟法庭、社会调研、义务咨询等方式开展实践性教学。以模拟法庭为例，教师可以选用经典社会事件司法案例，让学生深入了解具体案情，通过分组讨论的方式对案例的具体情况展开探讨，让学生充当当事人、司法人员的角色，将专业知识、理论知识应用到实践中。

三、加大对教学实践环节的投入

高等院校在进行本科教育的同时，应该加大对应用型法律人才实践环节的投入力度，包括调集优秀的师资队伍，加大对实践环节的资金投入，以及设置相关部门对实践环节进行专门的管理。[①]虽然高校的优秀师资是有限的，但是把这部分资源由原来的理论教学领域向实践环节转移，确保实践教学质量的稳步提升。实践环节需要大量的资金支持，一方面学校应该加大在本科教育过程中实践环节的资金投入比重，另一方面要积极争取国家和社会的资金支持，确保有足够的资金来开展实践环节的教学和工作。做好学生的实验实训和日常管理

①付瑶．新时代对外开放背景下应用型本科院校人才培养路径研究[J]．教育信息化论坛，2022(07)：69-71.

工作，是实践教学环节课程成败的关键，显得尤为重要。实践教学实行管理规范化，健全管理体制，完善规章制度，保证学生实践教学工作的正常运转，相关领导部门应制定完整的管理规则制度，确保实践教学高效有序；制定严格而有效的成绩考核方式，更好的调动学生的积极性和主观能动性。

第三节　加强实践教学资源的建设

一、积极争取政府和企业的支持

加大教育力度，避免不了人力、物力、财力的大幅度支出。单靠高等学校院系自身的投入，显得不切实际。因此，需要积极争取政府和企业的支持，包括政策支持、资金支持。

在政策方面，积极争取政府从法律上以及政策上的支持，加大投入。参考国外培养模式可以发现，法学教育发展较为成熟的国家都从法律上对法学教育做了相应规定，如2002年，德国颁布《法学教育改革法》，由此提出了“具有全方位工作能力的法律家”这一新概念，旨在使经德国法学教育培养出来的法律人才在任何一个涉及法律的职业领域都具备开展法律工作的能力，且具备国际化专业能力和律师事务能力。此外，《德国法官法》还明确规定了学生需参加外国语和外国法的课程学习，大学生必须参加以外国语言讲授的法学课程或者以法律知识为主要内容的外语课程，参加考试且成绩合格。从政府的文件规定来规范法学教育，明确法学教育的目标，加大法学教育的力度，具有可观的实际正面影响来促进法学教育的发展。

在资金方面，高等院校应当在积极申请教育部资金投入的同时，利用自身教学条件，积极与相关企业合作，利用企业资金，培养合格的专业人才，使得企业招人、用人得心应手，从而达到双方互利的效果。[①]在合作单位的选取方面，法院和检察院有丰富的案件学习资料，检察官和法官都有丰富的经验，学生能够有更多收获，能更多地接触到正规的案例操作流程。其次，也可选取律师事务所以及相关的法律事务咨询机构也很好地为法学学生提供实训机会，同时这些机构也是学生毕业以后重要的就业方向。最后，其他相关的企事业单位也应有所考虑。

二、加强对师资队伍的建设

师资队伍的水平关系着法学教育成果水准，工欲善其事，必先利其器。师资队伍建设不加强，一切提升法学教育的措施都是一纸空文。笔者将从政府支持，高校管理，以及教师自身三个方面阐述如何加强师资队伍的建设。

（一）高校师资力量建设应获得政府支持

教育部组织的高校教学水平的评估引导着高校办学的方向，为了在评估中的较好评价，高校应建立“理论＋实践”师资队伍建设体系，紧跟教育部教学评价体系。

（二）高校应加强对师资队伍的建设

壮大实践性师资队伍，把引进实践型人才列入人才引进计划。对于法学专业要引进实务部门有实践经验的人才，过去高校招聘法学教师，对应聘老师的要求主要看是学历、发表论文的情况和有无课题，再加上一条实践经验和专业实践能力的考评，通过现场表演论辩，解决法律的实际问题，书写法律文书，出具法律意见，通过模拟法庭等形式考评应聘人员的实践能力。

加强对教师实践能力和业绩的考核。实践能力虽然相对科研和教学更难考核和操作，但实践能力是一种外在的能力，比科研和教学更为直观，比如为社会提供了多少的法律援助，办理了多少起诉讼案件、非诉讼案件，发表了多少专业实践性的文章，与实务部门的交流情况等。当然这种考核并不够完美，有学者认为上述这些都不能确切地

①方菁华．产教融合对应用型本科人才培养的价值及其实现路径研究[D]．广州：广东技术师范大学，2022:16-17.

反映教师的实践能力，其实任何考核方式都有不足之处，只有在考核中不断地完善考核办法，建立有效的实践型教师队伍考核激励机制，把考核的结果与晋升要求、津贴、奖金等联系在一起，充分调动教师工作的积极性和主动性，引导教师队伍增强实践能力，以达到改善法学实践性教育的水平。

开展与实践部门的交流活动。加强与实践部门的联系，高校可以建立于实务部门的交流途径，派教师到实务部门交流学习，在高校之间的研究探讨和学术交流的同时，兼顾高校与各个实务部门的交流；建立充分发挥实践部门兼职教师的机制；制定实践部门兼职教师管理和考核办法，把兼职教师的工作纳入工作计划内；做好兼职教师的对接工作，保障兼职教师适当的经济待遇，制定相应的考评机制，把兼职教师的待遇、是否续聘与兼职教师的工作量、工作表现联系起来，采取合理措施，充分调动兼职教师的积极性；鼓励法学专业教师到实务部门挂职锻炼；鼓励具备法律职业资格的专业老师担任兼职律师，比如北京的检察院系统，就聘任法学专业教师为兼职检察官，法院从高校聘任兼职法官的情况比检察院要少。如政府法律顾问、仲裁员、企业法律顾问、专家咨询委员会委员等，这些实务部门主动吸收高校法学教师兼职，为教师提供了实践学习的机会。

（三）法学专业教师自身的素质需要提高

通过参与服务社会的实践，提高自身实践能力。法学专业教师应该主动走与实践相结合的教学和科研的道路，结合自身的基础和条件，找到合理的实践渠道。教师多到实务部门调研，加强与实务部门的联系与学习，取长补短，通过实践感悟，多发表一些在实践中能解决问题的实践型文章。

教师在科研创作中提高自身专业实践能力。在科研创作中不仅要有充分的理论基础和理论研究，更重要的是有自己的实践，看相关的文献只能保证自己不做重复研究，但是自己有没有原创的理论成就，还要看有没有作者自己的实践和实地调查，实践出真知，如果没有实践，写出的文章也只是别人的理论成就，不可能有创新成果。如果法学专业教师能走真正的实践的科研之路，不仅会提高院校的科研水平，而且会提高教师自身的专业实践能力。实际上，有价值的科研成果往往是为解决某个或几个阴暗问题的方法，如果教师能将自己的科研成果付诸实践，就可以获得别人不具备的创新实践能力，也会促进形成一个良好的教学氛围。

在培养学生的实践能力的同时不断提升自己的实践能力。目前学生的实践性课程基本为理论课教师教学，因为学校缺少实践型的教师，同时校外兼职教师的指导也极其有限。如果教师能够在指导学生锻炼实践能力的同时，利用教学环境和教学资料，不断地加强自己的实践能力，不仅有利于实践教学，而且有利于建设学校的创新实践基地建设。

（四）采用多种方式优化师资力量

随着网络技术、智能化技术、信息技术和通信技术的迅速发展，各类电子设备、网络教学设备和教学模式在教育领域中得到了广泛应用，推动了高校教育的现代化、创新发展，促进了法律服务和行业活动的智能化发展进程。在高校法学专业教学模式、课程体系创新中，学校要结合时代特征加强信息技术的应用，丰富课堂教学内容。例如，可以在法学专业课堂中引入慕课教学，学生可以根据自身不同的学习需求和发展需要选择相应的课程，补足自身专业的短板。利用慕课教学模式不仅可以丰富教学资源，也能有效拓宽学生的学习渠道，使学习打破时间、空间的局限性，激发学习潜力。其次，为优化师资力量，学校要加强“双师型”队伍建设，针对现阶段高校“双师型”教师队伍不足的问题，可以派遣优秀教师到公、检、法、司等部门挂职，提升教师的实践能力，学校与检察院、公安局、法院等部门建立合作，鼓励教师到上述部门担任一定的职务，参与到司法实践中，以提升教师的实践能力，强化“双师型”教师的培养。在具体实践中，有助于教师掌握法学专业的发展方向，在理论教学中穿插实际案例，以提高教学的针对性、时效性和实践性，通过上述方式可以起到优化高校师资力量的作用。

三、加强校内实践平台的建设

实践平台的建设应当以培养学生的实践能力和创新精神为根本出发点，质量建设是实践平台建设的中心任务，共建、共享、共赢是校内实践平台建设的基本方针。在建设校内实践平台的过程中，要坚持教学需要的原则、贴合实际的原则、学生创新的原则。校内实践平台的建设根本思想是，建设成一个由学校直接领导，学生自由参与的平台，学校提供场地以及师资队伍、教学设备，学生自己组织选拔人员，确定分工，进行日常管理，定期组织模拟法庭，开办案例分析比赛，实习参观事业企业单位等能够切实提高学生创新性与积极性的活动。在保证学生自主性的同时，学校分配专业的教师，提供全程的专业知识参考援助。

在实践平台日常活动方面，要定期举办模拟法庭，自主选取相关分析案例、自由创新。同时，案例的选取，应该更加具有现实意义，例如社会发生的诸多热点问题等。

第四节 丰富实践教学方法和内容

新时代下高等教育加强科教融合已逐渐成为一种“共识”，科教融合对于促进学生培养质量的提升和科研成果的转化具有重要的价值和意义。

一、增强教学方法的多样性和有效性

教学方法是为了完成教学目的而进行的一种有秩序的活动方式，是教师与学生共同实现教学目的、完成教学任务的途径和方法。[①]教学方法是完成教学任务、实现教学目标和提高教学质量的关键所在。当前我国应用型院校在法学理论教学过程中也存在一些问题，如现场教学形式运用不够，部分学校没有实验室，没有模拟法庭等。这些问

①周彬. 学科高质量教学的教育意蕴及其实现[J]. 教育研究，2022，43(08)：85-96.

题的存在影响到教学方法的有效性和多样性。这些问题可以总结为以下几点。

在人才培养理念上,高校与用人单位存在差异。企业和用人单位希望院校能够尽量培养应用型人才,提高学生的实际动手能力以适应岗位的需要,而各大高校的教师普遍认为学生应该先学理论,后培养人才,这样的人才才更有后劲。对于本科应用型人才来说,岗位能力和超越岗位技能之上的持续学习能力之间是需要平衡的。目前,应用型本科教育课程的理论课程和实践课程没有很好地结合,各成体系,没有形成统一目标、统一意识,缺乏合作意识,基本上都是先上理论课程,再上实践课程,容易造成理论知识的空泛,无法使学生更好掌握知识。另外一方面很多单位需要人才,却将很多法学本科生拒之门外,拒绝理由是没有经验,解决不了工作中的问题,导致人才培养的浪费和人才的流失。现在法学院仍然继续扩招,因为法学院认为用人单位以学历为招聘的标准,而招聘单位却以有无经验为标准,要消除潜在危机就需要协调好理论和实践的关系,通过实践过程将其内化为能力。此外,与工作密切相关的实践课程大多是安排在高年级,以至于实践周期太短,流于形式,不利于实践能力的培养。

随着现代科学技术的发展,人类在教育方面的教学手段和方法也越趋现代化和多样化。教学方法的现代化是法学教育发展的重要标志之一,我国各地高等学校在相关方面已经做了很大努力,并取得了一定的成效。总体来说,目前我国应用型院校在理论教学过程中,是以讲授法为主,所采用的教学模式是知识导向型的,以掌握知识为出发点,又以知识的积累为归宿点,整个过程都凸显了知识的重要性,研讨式、案例式、项目式。因而,现场式的教学形式运用不够,甚至部分学校,没有实验室,没有模拟法庭,有的连资料室都没有,教学质量无法保证。

(一)增强教学方法的多样性

运用现代科学技术引进多样化的教学方法,如数字化、多媒体、多功能的教学设备,增强教学方法的多样性。实践教学环节的增加能有效增强教学方法的多样性。实践教学一般采用灵活多变的教学方式，根据不同的标准和内容，法律实践教学有不同的分类。传统上的分类主要有模拟法庭实践教学、案例实践教学、法律文书实践教学、专业实习实践教学、法律援助实践教学等形式；探索与发展中的法律实践教学主要有"诊所式"实践教学、联合培养基地实践教学"校友结对"式实践教学、法律谈判等多种形式。根据真实与否，又可以分为参与模拟观摩形式的和在真实情境下的实际运用两种。这两种方式均可视为一种互动式的教学模式。然而，因教材类型的不同，不同学生在学习方面的不同追求差异，教学方法和手段的多样选择等，使得"互动式"教学模式处于一种灵活变动的状态特点。在教学过程中，可以借助多媒体等科学手段，使教学适应互动式教学模式的灵活性。模拟法庭的方式是增强法理教学方法多样性的有效方法。当前在高等学校法学教学方法中，模拟法庭的运用已经得到部分高校教师和学生的广泛认可。

（二）增强教学方法的有效性

教学方法的有效性即该教学方法实施的有效成果评价。在增强教学方法的多样性方面，应着重关注教学方法目的性和实践性。教学方法的目的性需要认真明确。不论是理论教学还是实践教学过程，都应首先明确教学方法的目的和应达到的教学效果。这样才能让教学目的不发生严重偏离，同时有效保证教育方法实施的有效性。法律实践性教学是培养学生综合素质和实践能力的一个重要的环节，以培养学生的自主性、实践性、研究性和创新性为重点，注重学生综合素质的发展和实践能力、创新能力的提高。通过不同形式、不同内容的实践教学，学生能够掌握法学基本理论知识，得到逻辑推理和法律技巧的训练，从而培养学生解决实际法律问题的能力。法律实践教学长期以来是法律专业学生学好法律的重要途径，更是提高学生应用法律分析、判断、解决实际问题能力的不二选择。

二、合理安排教学内容

教学内容的合理安排关乎教学方法的有效性，是增强教学方法有效性的重要环节，是力求实现教学方法理论与实践相结合的实施重点。

合理安排教学内容包括合理设置教学课程和有效分配教学师资等。

(一)合理设置教学课程

在课程的选取方面应该更加注重理论联系实际,应该根据选取的相关的分析案例应该进行有现实意义地分析,例如社会发生的诸多热点问题,比如征地强拆问题、政府官员受贿的问题、消费者维权问题等。好的案例应该具有以下几个特点。

第一,没有所谓的标准答案,体现学生思维的发散性。如果分析的案例过于死板,有所谓的"标准答案",那么学生的思维很容易僵化,那么学生分析问题、解决问题的能力就很难有真正意义上的提高,更谈不上所谓的创新能力。第二,贴近实际,紧跟社会热点。所选择的案例必须具有很强的现实意义,过于脱离现实实际的案例很多都没有具有太大的现实意义,在实际教学过程中,很多时候是某些教师为了教学而教学,没有起到很好的教育效果。此时学生可以向老师沟通交流,如果没有明显效果的还可以向院系领导、学校领导和相关组织反映。第三,能够激发学生讨论的兴趣。较好地分析案例能够激发学生的讨论兴趣,上面所说的过于陈旧的话题、脱离现实的话题大多都不能够很好地激发学生的参与热情,学生讨论兴趣的降低其学习的效果自然会大打折扣。第四,多样性和丰富性。指导老师在选择案例的时候应该兼顾案例所考察知识的覆盖面,尽量照顾到各板块的相关知识,案例内容应该涵盖到经济、军事、民生等多方面的议题,既要有国内的也要有国外的,只有这样学生才能够全面掌握和运行所分析的案例熟练使用法律知识,这对其今后在解决各种法律问题提供较强的指导意义。

教学也还是以"学科"为本位,根据社会要求和职业能力的要求来选择课程内容,加强教育与产业的联系、知识与工作任务之间的联系。课程设置应该很好地从学生今后从事专业工作出发,设计和培养所需的核心工作能力。而且学生在掌握法学专业知识外,还应掌握经济、企业管理、外语和国际贸易等综合知识,这也是由于长期以来许多高校的法学专业在培养目标上的定位不够清晰,导致我国法学专业的教育偏重于理论知识和分析能力的培养,忽视了实践能力的提高。

另外,强化教学与能力培养并重的教学内容。目前的法学教育无论是在教学方法和考试方式,还是课程设置、学科设置等方面都需要进一步改革。在考试方式上,应该更加强调对学生应用现有法律知识解决实际问题的能力,答案可以是多样的,只要是学生经过缜密思考,拥有足够的理论支撑和创新点,就可以给予高分,恰恰对于背诵所谓标准答案的试卷应该酌情给分,用这个方式就能够有效地提高学生用发散的思维处理问题的能力和积极性。

(二)教学师资的合理引入和有效分配

确保教学资源的合理分配,注重聘请拥有较强实践能力的专业人才,特别是拥有司法机关工作经历的人才,因为其了解法律职业人才的具体要求,高等院校普遍重视教师的学历培训,各高校通常对取得博士学位的老师和引进的博士教师给予特殊的支持,引进的博士和教授大都是在研究型、学术型教学环境下培养出来的,都是从校门到校门,在一定程度上可能缺乏实践经验。对于一些积极参加实践的老师却不以为然,忽视了教师的实践能力培养教师职称评定,强调学历要求和科研成果,对教师的实践能力却没有明确的规定。在这样一种没有相应的鼓励和支持下,教师自己也不会去重视实践能力的培养,理论课就是老师的主要任务。目前我国院校的部分老师表现为实践能力欠缺,不能有效地指导学生进行实践活动,不能适应应用型法律人才培养的需求,实践动手能力不强。

通过教学方法中对法学课程的合理设置和安排,教学师资的有效分配与利用等。在教学方法有效性上,力求与社会需求接轨与实践相结合,以避免流于枯燥空泛。为了使学生能获得更多法律职业方面的实践知识,在任课教师选择上,除知名教授以外,还可聘请大量的法律实务界专家来担任。

(三)实现法学专业课程最佳优化组合

现阶段我国各大高校所开设的法学专业课程来看,其中包含法理学、刑法总论、刑法各论、民法总论、民法分论、知识产权法以及三大诉讼程序法等专业知识。在高校法学人才培养模式改革和创新中,要对法学各专业课程进行最优组合，学生掌握法学基本原理、概念和基础知识的同时在循序渐进中培养学生的法治思维，运用法学的视角看待问题、分析问题。由此来看，高校法学人才培养模式的改革和创新也要结合学科特点，根据社会市场对多元化、复合型人才的需求，逐步构建“法学+”课程体系，实现法学与工学、理学、农学、医学等专业学科课程的全面组合，实现各个学科之间的有效交叉。我国早在20世纪60年代就开始交叉学科教学研究，交叉学科教学模式在各大高校得以实践。有些高校结合自身的专业设置和人才培养计划搭建了不同领域、不同专业、不同方向相结合的学科交叉平台，但是结合实际情况来看，受到法学专业特殊性的影响，法律领域的交叉学科基础比较薄弱，对法学专业交叉平台的构建多以传统法学的挖潜改造为主，人才培养模式的更新将重点放在法学专业的提升发展中。针对上述情况，法学专业交叉融合的方式已然成为高校法学人才培养模式改革和创新的方向。在具体实践中，政府部门和高校研究所要发挥出自身的引领作用，增加专项资金的投入，为交叉学科教学平台的搭建提供必要的资金支持。特色法学专业交叉融合人才培训方案的制订要通过多方论证，举行多学校、多学院、多专业的专项研讨会，在此过程中可以邀请行业专家组成委员会，对多学科交叉融合人才培养方案展开多方位、全面性的评估。

第五节 完善本科教育的监管和考核评价体系

建立合理的本科教学监管和教学质量考核评价体系是高校教学成果的重要工作，关乎整个高校教学体系的成败。[①]合理的教学监管体系是高校教学模式和理念得以实施的关键，通过制订监管体系，有效保证教学成果的落实。而教学质量评价体系的完善建立是教学理念和教学成果得以实现的重要保证。

①田一聚．我国高校教师评价改革的政策分析[J]．江苏高教，2022(10)：90-97.

一、加强对师生的监管

完善教学监管体系，使得制定的制度落到实处。加强教学监管体系的建立可以从加强对教师的监管和加强对学生的监管两方面着手，即从监管的对象上分为学生、教师两个方面。

有些实习效果不明显与实习指导教师有着密切关系，因此对指导教师的监管应该放在突出地位。对实习指导教师的监管包括动态和静态监管两方面。动态监管是由学校或者院系领导不定期地到教学教室视察，走访学生，了解指导老师是否尽到相应职责。静态监管就是对实习材料的监督，实习资料、实习计划的资料是否齐全，实习环节中有无虚假材料等。

二、加强本科教育质量评价体系建设

高校应该建立与自己办学条件、办学层次相适应的质量观，由传统的偏重理论知识的传授转变为注重知识、能力、素质全面提高的质量观。根据学生个体的多样化、差异性的特点，指导和建立多元化，分层次的质量评价体系和保障机制，完善和健全公正、合理的应用型人才的质量标准及要求，不断满足社会对应用型人才广泛的、多样化的需求。建立有利于全面素质教育的考试评价制度。促进学生的个性发展、全面素质的提高和创新能力的培养，改革单一的考试评价制度。注重创新型学习成果的评价考核，考试方式要灵活多样，要注重对实践性教学的评价考核。

高校教育的内部质量评价体系和信息反馈体系要注重指标之间的协调。高校教育的评价体系及信息反馈体系涵盖教育资源、教育过程、教育结果各个方面，具体由条件性指标、过程性指标和成果性指标三部分组成。三部分指标应协调运用，不能过多地重视条件性指标而忽视过程性指标和成果性指标。高校教育的评价体系是一种管理系统，为实施连续有效的质量控制和不断提高高校教育质量，主要负责高校教育的质量管理和自我评估等质量保障活动，与外部评价体系结合起来，共同履行高校教育的功能。

高校教育的外部评价体系及信息反馈体系要经得起社会的检验。

高校的教学质量的最终检验来自社会,即社会对该校毕业生的需求程度和大学生的社会适应能力。这个评价不应仅看毕业生的一次就业率和考上硕士或博士研究生的比率,还要从对毕业生跟踪调查中,看毕业生再就业时间间隔的长短、再就业后岗位的适应情况,或考上硕士或博士研究生后从事研究工作的能力和潜力。学校可通过问卷调查或走访的方式,对接受过本校毕业生的企业、研究机构、行政机关等单位进行跟踪走访,详细了解毕业生的工作和研究情况,及时获得反馈信息,针对问题提出整改措施和改革目标。

参考文献

REFERENCES

[1]陈朝阳．论党内法规的法学品格[J]. 海峡法学，2022，24(03)：1-11+121.

[2]程兰兰．法学教育实践性的反思与探索[J]. 司法智库，2021，5(02)：260-271+1.

[3]方菁华．产教融合对应用型本科人才培养的价值及其实现路径研究[D]. 广州：广东技术师范大学，2022：16-17.

[4]付瑶．新时代对外开放背景下应用型本科院校人才培养路径研究[J]. 教育信息化论坛，2022(07)：69-71.

[5]霍宪丹．当代法律人才培养模式研究[M]. 北京：中国政法大学出版社，2005：87-88.

[6]康宁．中国高等教育资源配置转型程度的趋势研究[M]. 南京：南京大学出版社，2020：58-59.

[7]李可，唐乾．法律学说司法运用的风险及控制[J]. 上海政法学院学报(法治论丛)，2022，37(05)：147-160.

[8]凌济政．对中国诊所法律教育的现实反思[J]. 河南财政税务高等专科学校学报，2020，34(03)：87-92.

[9]刘文华．应用技术本科教育课程模式研究[D]. 上海：华东师范大学，2017：74-75.

[10]莫纪宏．论民主、法治与人权三位一体的治理方式[J]. 中国法律评论，2022(05)：10-15.

[11]彭枚芳．我国研究型大学本科跨学科人才培养路径研究[D]. 广州：华南理工大学，2021：21-22.

[12]邵文涛.我国法学本科教育中实践教学体系的构建与运行[D].济南:山东师范大学,2008:17-18.

[13]史馨.法律适用分歧的法理研究[D].北京:中国政法大学,2022:12-13.

[14]孙刚成,徐艺心.普及化时代的高等教育高质量发展:内涵生成、演进及实现[J].黑龙江高教研究,2022,40(10):19-25.

[15]孙露.新时代法律职业共同体研究[D].长春:吉林大学,2022:15-16.

[16]田一聚.我国高校教师评价改革的政策分析[J].江苏高教,2022(10):90-97.

[17]王辉,常静.学科竞赛与“三位一体”卓越法律实践人才培养模式研究[J].北京教育(高教),2022(10):53-55.

[18]王利民.民法学:法学专业本科核心课程[M].北京:中国财政经济出版社,2003:102-103.

[19]武新华.法学本科教育中研究性学习理念及其实施[D].贵阳:贵州师范大学,2014:21-22.

[20]许身健.法律职业伦理论丛(第四卷)[M].北京:中国政法大学出版,2020:45-46.

[21]赵秉志.刑事大案要案中的法治理性[M].南京:江苏人民出版社,2019:96-97.

[22]中国法学会法学教育研究会,北京市曾宪义法学教育与法律文化基金会.曾宪义与中国法学教育[M].北京:中国人民大学出版社,2021:57-58.

[23]周彬.学科高质量教学的教育意蕴及其实现[J].教育研究,2022,43(08):85-96.

[24]朱春霞.中国法学本科教育培养目标的理性思考[D].苏州:苏州大学,2003:14-15.

图书在版编目（CIP）数据

法学教育与应用型法律人才培养创新研究 / 赵甜甜著. -- 湘潭 : 湘潭大学出版社, 2022.12
ISBN 978-7-5687-1007-7

Ⅰ. ①法… Ⅱ. ①赵… Ⅲ. ①法学教育—研究—中国②法律—人才培养—研究—中国 Ⅳ. ① D92-4

中国版本图书馆 CIP 数据核字（2022）第 258117 号

法学教育与应用型法律人才培养创新研究

FAXUE JIAOYU YU YINGYONGXING FALÜ RENCAI PEIYANG CHUANGXIN YANJIU

赵甜甜 著

责任编辑： 王亚兰 夏 露
封面设计： 夏茜旸
出版发行： 湘潭大学出版社
社　　址： 湖南省湘潭大学工程训练大楼
电　　话： 0731-58298960 0731-58298966（传真）
邮　　编： 411105
网　　址： http://press.xtu.edu.cn/
印　　刷： 长沙创峰印务有限公司
经　　销： 湖南省新华书店
开　　本： 710 mm×1000 mm 1/16
印　　张： 12.25
字　　数： 150 千字
版　　次： 2022 年 12 月第 1 版
印　　次： 2022 年 12 月第 1 次印刷
书　　号： ISBN 978-7-5687-1007-7
定　　价： 68.00 元